AF366115

SVEGOT

Januari 2020

- Perspektiv från det fria Sverige

Svegot, Januari 2020

Tryckt i Storbritannien.

ISBN 978-91-984410-1-7

www.svegot.se
www.detfriasverige.se

SVEGOT

Januari 2020

Skribenter:

Jalle Horn
Magnus Söderman
Dan Eriksson
Daniel Frändelöv
Eva-Marie Olsson
Johan Svensson
Kristoffer Hugin
Olov Andersson
Ludvig Delin

Inledning

Sunt förnuft och en gnutta historiekunskap brukar räcka lång väg. Just sunt förnuft bör alla eftersträva att ansamla så mycket som möjligt av. Men kanske är det en fåfäng förhoppning. Någonstans slutade vi nämligen göra det. Alla fina gamla ordstäv och de kloka gubbar och gummor som en gång fanns i vår värld har bytts ut mot twittrarens 140 tecken eller inlägget på Facebook. Det finns ljusglimtar där också, förstås, även om det är svårt att hitta dem. Å andra sidan ska dylikt inte komma till en lättvindigt – stekta sparvar ska inte flyga in i munnen på en – eftersom det devalverar värdet av budskapen.

När man ser sig omkring i världen är det lätt att förstå Kristus då han pratade om att den som hör, han hör – vilket innebär att resten inte hör. Det finns ju sunt förnuft i vår värld, både av modernare uppkomst men också äldre att ta till sig. Faktum är att det är enklare än någonsin att bygga på sitt förråd av förnuft. Att folk i gemen inte gör det handlar om lathet och oförmågan att ens förstå varför det skulle behövas.

Vi har låtit överheten ta hand om våra liv från vaggan till graven så länge att allt annat känns lite läskigt. Vi litar inte på oss själva längre. Det har pågått ett tag nu och gått i arv – osäkerheten över vår egen förmåga är som bortblåst.

Jag råkade själv ut för detta häromdagen då jag kände ett starkt behov av att börja konservera mat på egen hand. Efter en del sökande efter information stod det klart att det i allt väsentligt var en enkel sak att göra. Men sedan kom osäkerheten efter att jag till sist kom fram till texten som handlade om botulism. Konserverar man mat kan man nämligen råka ut för att världens giftigaste toxin börjar gro i burken. Det är så giftigt att några nanogram är dödliga för oss sköra människors. Jag började direkt ifrågasätta min idé om att konservera mat.

Att man förstör toxinet om man hettar upp maten över 85 grader hjälpte föga; inte heller att det mellan 1969 och 2013 bara registrerats 12 fall (vilket i princip är noll fall om man slår ut det) eller att något så enkelt som god hygien vid framställningen kväver eländet i sin linda. Nej, osäkerheten fanns där i alla fall. Sedan tänkte jag på min farmor och hennes konserverar i jordkällaren. Jag växte i princip upp med dem. Min moders likaså. Det gick bra. Nåväl, det slutade med att jag picklade rödlök istället. Jag litade helt enkelt inte på min egen förmåga och detta skyller jag på systemet. Det har strävat efter att få hjälplösa hjon som undersåtar och lyckats förvånansvärt bra.

Men jag spår att den tiden går mot sitt slut. Känslan är tydligt: det pågår en renässans av det sunda förnuftet i vårt land. Framförallt ser vi det i socialdemokratins fortsatta reträtt och den allt tydligare polariseringen såväl som den alltmer uppenbara insikten om att systemet fullständigt tappat det sunda förnuftet. Det visar sig att detta med sunt förnuft är som med det mesta. Det sätts på avbytarbänken när vi inte anser oss behöva det, men byter in det när det behövs. Ja, vi som kan i alla fall. När systemet visar sig odugligt så blir vi mer dugliga. Alternativet är ju att gå under, och det är inte särskilt roligt.

Det nya årtionden kommer präglas av just detta – svenskarnas frigörelse från det dementa systemet. Inte alla svenskar så klart. Alla medberoende medborgare kommer lita på regeringen, riksdagen och dess myndigheter. Men svenskar som aspirerar på att vara fria svenskar kommer göra sig mer självständiga och för varje steg de tar kommer de inse att de klarar sig bra utan centralmakten. Detta kommer ske ett steg i taget och på olika sätt. För egen del kommer jag – så fort den picklade rödlöken är uppäten – ta mig för att göra egna konserver. Det blir en seger i sig.

Välkommen kära läsare, till januariutgåvan av Svegots bok. Den är fullpackad med sunt förnuft.

Jag lärde mina barn om rasism

Saker behövs sättas i perspektiv, och ett i samtal med mina barn försökte jag göra just det. Vad vi kom fram till kan nog vara svindlande för de flesta.

Mina äldre barn gillar matte, så vid frukosten i morse frågade jag dem om de visste hur många personer som krävdes för att skapa dem. Min dotter svarade förvånat "du och mamma?".

– Det är alltså två, hur många krävdes det för att skapa mig och mamma?

Min dotter höll upp två fingrar, min son håller upp fyra, så jag förklarar: "Jag har två föräldrar och mamma har två föräldrar". Nu förstår hon och säger "fyra".

– Och hur många krävdes det för att skapa dem?

Nu fattar de vart jag är på väg någonstans med det hela och skriker "ÅTTA!".

– Och hur många…

Båda skriker igen: "SEXTON!".

Vid det här laget har min dotter, som precis börjat med multiplikation, gett upp, men min son som är något av en mänsklig miniräknare säger "32!".

– Och för att skapa dem?
– 64!
– Fortsätt…
– 128! 256!

Min dotter börjar skratta medan min son fortsätter kämpa på.

– Eeh… 512! Hmm… 1024! Eeeeh… 2048! Hmm… 4096! Oj, nu börjar det bli svårt!
– Okej, jag hämtar miniräknaren åt dig.
– NEJ! NEJ! Jag vet! Det blir 8192!
– Wow, och sen?
– ……… 16 384!
– Herrejösses!
– 32 768!
– Du är fantastisk grabben!

Vi hade inte så mycket tid kvar så jag tog fram min mobiltelefon och drog igång miniräknaren och läste högt för dem.

– 65 536, 131 073, 262 114, 524 228, 1 048 576

De tappade hakorna och gav ifrån sig högtoniga fniss för varje nytt nummer jag läste upp för dem.

– Okej, det är 20 generationer. Om varje generation är ungefär 25 år, hur många år är det då?

Den mänskliga miniräknaren klarar det rätt fort: ”500 år!”

– Så, vilket år var det för 500 år sedan?
– 1520!
– Ok, så sedan år 1520, hur många personer har det krävts för att skapa er?

Båda två skrek nu av förtjusning: ”EN MILJON!”.

– Nej, ni måste lägga ihop alla de där tidigare siffrorna.
– Aaaaaaagggghhh!

– Okej, det kommer vara några som har samma gammelmorfar och gammelgammelfarmor, men för att hålla det någorlunda enkelt, och bara använda siffrorna, om du vi går tillbaka 20 generationer, 500 år till år 1520, krävdes det 2 097 120 personer för att skapa dig.

Nu stirrade de bara storögt på mig.

– Kan ni några av deras namn?

Nu såg de närmast molokna ut, så jag sa att det är okej att säga nej och de andades ut och förklarade att de inte visste några av deras namn.

– Vet ni vad de hade för jobb?
– Nej...
– Alla dessa två miljoner hade ett namn. De hade glädje, bekymmer, problem, lidelser, talanger, prestationer, de överlevde krig och sjukdomar och svält, och jag vet knappt vem någon av alla dessa var... men vet ni vad som var det viktigaste de någonsin gjorde?

Nu tittade de så där undrande på mig igen. Så jag tog ett foto på min dotter med telefonen och vände den mot henne så hon kunde se.

Hon log.

– De gjorde mig.

Värmen i pappahjärtat var nu så hög den kan bli utan att överhetta.

– Rätt! Det tog hela två miljoner människoliv för att skapa dig. Och det var därför jag och mamma fick dig, för att hedra deras liv, så att allt de gick igenom inte var förgäves, så att deras liv inte slutade med oss.

Jag fortsatte tala inför barnen i ett samtal som gått från skratt och lek och till djup eftertanke.

– Men, vad hade hänt om bara en av era två miljoner förfäder, bara under de senaste 500 åren, inte ville ha barn eller väntade så länge för att hinna göra andra saker att de inte längre kunde få barn?
– Då hade vi inte funnits.
– Så viktiga var deras liv, och så viktiga är era liv. Och så viktiga är era liv för kommande generationer.

– Alla de där två miljonerna fick dessutom fler än ett barn, låt oss säga tre eller fyra, förmodligen fick de fler. Och varje av deras barn fick i sin tur tre, fyra eller fler. Hur många miljoner är det efter tjugo generationer?

Min son tittar stolt på mig och skriker "sex miljoner!" varpå jag skrattar rakt ut och misstänker att grabben har en lovande framtid som internettroll.

– Mycket mer än så, mattekungen!

Min dotter säger "hundra miljoner".

– Förmodligen ännu fler. Men detta är ditt folk. De är din familj. Det är vad länder är; ett hus som skyddar hela familjen.

Min son tittade på mig och frågade varför jag berättade det här för dem.

– För att det är vad pappor gör. Vi sätter saker i perspektiv, och vi lär er vad som är viktigt i livet.

Men varför är den här historien viktig, och varför berättar jag den för dig som läser detta?

Att älska sitt folk är att älska sin familj, sin nationalitet, sin etnicitet, sin ras — att kalla någon rasist eller främlingsfientlig för att älska, bry sig om eller skydda sitt folk är som att kalla någon som älskar sin familj för "familjist".

Att vilja att vårt arv, vårt språk, vårt sätt, vår kultur, vår tro, våra unika fysiska drag och vår familj ska få fortsätta existera på vår lilla plats på jorden är inte hat — det är det största uttrycket för kärlek som existerar.

De senaste generationerna har vi lurats att tro att kärlek till våra egna är hat, och att det enda sättet att rena oss från hatet är genom att bekämpa vårt folks fortsatta existens.

Men tillräckligt många av oss har förstått nu. Kärleken och sammanhållningen i vår familj och vårt folk kan mycket väl upplevas som hat hos de som vill byta ut oss, eller arbetar för att byta ut oss till gagn för deras egen "familj", precis som att inbrottstjuvar mycket väl kan uppleva min kärlek till min familj som hat mot dem.

Lär dina barn att älska vilka de är och människorna de springer ur. Lär dem att inspireras av deras folks prestationer, offer och traditioner. Det behövs ingen lektion för det, du kan helt enkelt visa dem och leva det själv.

Detta är en översättning (och lätt omarbetning) av en serie inlägg på Twitter av @ RealWriteWinger. Följ hans arbete och gå gärna in och visa din uppskattning för denna berättelse.

MAGNUS SÖDERMAN
2 januari 2019

Utan samlagskontrakt kan du bli 85 000 kronor fattigare

För att underlätta domstolarnas arbete med att enklare hantera dömande av personer som fälls för "oaktsam våldtäkt" har Högsta domstolen nu bestämt om schablonersättningar. Dyrt blir det, om inte älgskogen finns på pränt, moment för moment.

Från och med 1 juli 2018 är lagen skriven som så att den som utför en sexuell handling mot en annan person har ansvar att säkerställa att den personen vill. Hur detta ska ske rent praktiskt tvistar de lärde om, men ska man vara på den säkra sidan rent juridiskt så är ett skrivet kontrakt på sin plats, vilket också redovisar olika delmoment under själva akten. Låter det löjligt? Det tar lagen ingen hänsyn till.

Lag eller ingen lag, i de flesta fall klarar vuxna människor att umgås intimt utan att komma överens på förhand. Att det finns en poäng med lagstiftningen, med tanke på hur Sverige sjangserat, är dock svårt att säga emot, eller så här: man kan förstå hur de tänker. Så klart försöker politiker lösa problemen de skapat på samma sätt som de hanterar allt annat; bakvänt och omständligt. I grunden är det dock obehagligt att den anklagade ska bevisa sig oskyldig, inte tvärt om vilket annars är praxis (utom när Skatteverket är ute efter dig, så klart).

Få dömda hittills

Eftersom folk i gemen ändå är hyggliga mot varandra så har det inte blivit någon rusning till domstolarna med ärenden om oaktsam våldtäkt. I november 2019 hade 20 personer dömts för brottet och sammantaget hade det kommit in ungefär 200 anmälningar.

Bland dessa 200 anmälningar finns säkert en den "okynnesanmälningar". Även om ingen vill prata om det så finns det ju både en och annan kvinna därute som efter fullbordad akt ångrar sig och då menar sig ha blivit våldtagen (jo, i den feministiska doktrinen är det fullt normalt). Därtill finns det nog en hel del män som inte vill men som likväl ställer upp – utan att anmäla i efterhand.

85 000 kostar en oaktsam våldtäkt

I en tid då vi inte ska prata om människor och kostnader så är det intressant att se hur domstolarna gör just det. Det finns ett pris på allt från att gå med kniv på stan till mord. För att underlätta domstolarnas arbete när de utdömer påföljder finns det schabloner att följa. Ett mord ger si och så många år i fängelse, si och så mycket pengar för sveda och värk samt si eller så mycket pengar för kränkningen som brottet inneburit.

Nu har Högsta domstolen fastställt beloppen som domstolarna ska använda för kränkning samt sveda och värk vid oaktsam våldtäkt. Der skriver:

"En person har dömts för oaktsam våldtäkt enligt 6 kap. 1 a § brottsbalken. Ersättning för kränkning av målsägandens integritet ska utgå om gärningspersonen har varit medvetet oaktsam. Ersättningen har bestämts enligt en schablon som beaktar kränkningen men även att brottet inte har varit uppsåtligt. Schablonersättningen har efter en sammanvägd bedömning bestämts till 75 000 kr. Även ersättning för sveda och värk ska utgå till den skadelidande vid oaktsam våldtäkt. Schablonersättningen har bestämts till 10 000 kr. Schablonen motsvarar ersättning för akut sjuktid under fyra månader med annan vård än sjukhusvård. Schablonen kan frångås om den skadelidande visar sig ha lidit en mer omfattande skada."

Lev anständigt istället

Det där kontraktet som alla skrattade åt när lagen kom kanske inte är en så dum idé? Ännu bättre idé är det dock att a) inte ägna dig åt skörlevnad, b) uppvakta och lär känna din tilltänkta, c) skynda långsamt och d) har siktet inställt på giftermål. Det är ju faktiskt så att de flesta problem är av den arten att vi dragit dem över oss själva. Med det inte sagt att det alltid är enkelt att leva på ett sätt som minskar riskerna. Det kan gälla sjukdomar som vi drar på oss genom en livsföring som är allt annat än bra, eller skulder som kommer av rent slarv och bristande framförhållning.

Icke förty är det dock sant att mycket huvudbry och irritation skulle kunna undvikas helt bara genom att leva anständigt och rakryggat. Vår huvudsakliga kritik mot den absurda samtyckeslagstiftningen är ju att den är en kapitulation inför en samhällsförändring som skett. Det är fullkomligt självklart att mannen och kvinnan ska vara överens om det som sker i sängkammaren, men när lagstiftarna går in som de gjort i Sverige, så är det inget att applådera över. Tillåter vi staten att komma undan med att bara agera mot symptomen – inte grundorsakerna – så gräver vi en grop åt oss själva.

Samma princip kan tillämpas på förbudet mot fyrverkerier. Det är ju självklart att man inte skjuter mot folk, att man följer säkerhetsföreskrifterna från tillverkaren och så vidare. Förbud försvårar bara för vanligt hederligt folk att leva sina liv. Alla de som i grundutförandet struntar i lagar och regler kommer också strunta i nya lagar som stiftas.

Kort sagt: i ett samhälle där traditionella värderingar utgör åsiktskorridoren och nationalismens principer är det politiskt korrekta, så kan man göra sig av med många av de löjliga lagar som stiftats på senare tid.

DANIEL FRÄNDELÖV
2 januari 2019

Kommer den nya integrationslagen fungera?

Vid årsskiftet trädde en ny och eventuellt kraftfull integrationslag i kraft. De utlänningar som väljer att bosätta sig i ett område med "sociala eller ekonomiska utmaningar" har inte rätt till varken dagsersättning eller andra bidrag. Ett starkt incitament att bosätta sig bland svenskar med andra ord.

Bostadsområden med hög andel utlänningar har en tendens att fort förfalla. Hög arbetslöshet, gängkriminalitet, skjutningar, rån och mord tillsammans med bidragsberoende och en påfallande brist av den magiska integrationen gör att dessa områden kallas "utsatta". Det är utsatta för utlänningar helt enkelt. Utlänningar som inte kan eller vill bidra till det svenska samhället.

Det sägs ofta att grundproblemet är segregationen, det vill säga uppdelningen av svenskar och utlänningar. Om man bara kunde få dessa att blanda sig lite mer så hade saker och ting blivit bättre. Utlänningen slutar begå brott och börjar genast arbeta, inspirerad av sin flitiga svenska granne.

Man har på flera olika sätt försökt ta kål på den skadliga segregationen men inget har riktigt lyckats. Sedan årsskiftet gäller en ny lag som man hoppas ska minska tillskottet av utlänningar i de utsatta områden. En ny paragraf i "lagen om mottagande av asylsökare m.fl".

I paragraf 10a kan vi läsa:

> "En utlänning som avses i 1 § första stycket 1 eller 2 har inte rätt till dagersättning enligt 17 § eller särskilt bidrag enligt 18 § om han eller hon på egen hand ordnar bostad och bostaden ligger i en del av en kommun som vid inflyttningen och under den tid utlänningen bor i den anses ha sociala och ekonomiska utmaningar enligt föreskrifter meddelade med stöd av andra

stycket. Detta gäller dock inte om det är uppenbart oskäligt att utlänningen inte får rätt till sådant bistånd.

"Regeringen får meddela föreskrifter om vilka delar av en kommun som ska anses ha sociala och ekonomiska utmaningar och om möjligheten för en kommun med sådana kommundelar att i ett anmälningsförfarande ange vilka av kommundelarna som ska omfattas av första stycket.

"Första stycket gäller inte ensamkommande barn."

Nu är det ju lite si och så med att följa lagar i Sverige om du är utlänning, se exempelvis de påstådda försörjningskravet som är så fullt med undantag att det i princip inte används. Även i denna nya integrationslag ser vi en hel del undantag, exempelvis att det inte gäller "ensamkommande barn" och inte heller om det är "uppenbart oskäligt att utlänningen får rätt till sådant bistånd".

Exakt vad det betyder vet vi inte än, men med tanke på att det väldigt ofta frias istället för att fällas i dessa frågor kan vi gissa att undantagen blir många.

Risken finns dock att lagen faktiskt fungerar så som det är tänkt. Att utlänningar slutar att söka sig till sina egna och istället söker sig till mer svenska områden. Kanske snackar man ihop sig med sina egna och flyttar en hel familj/klan ut till ett tidigare helsvenskt område. Därmed tar man inte bort utsattheten dock. Man tar den med sig.

Vi vet att det inte krävs speciellt många utlänningar i ett område innan det fort börjar gå utför. Kanske inte hela vägen till att bli ett faktiskt utsatt område med massarbetslöshet och droghandel, men tryggheten försvinner samma dag som lekplatsen plötsligt är ockuperad av arabisktalande.

Men driften att vara med sina egna är stark. Troligen starkare än törsten efter bidrag. Så hur många som kommer faktiskt flytta till svenska områden är oklart, särskilt som man utan några större problem helt enkelt kan skriva sig i ett svensk område men bo kvar där man helst vill, bland sina egna.

Frågan är som vanligt bara hur svensken, som vill vara med sina egna, ska göra? Än så länge har utlänningar inte haft några direkta varken morötter eller piskor att bosätta sig på annan plats än där deras eget folk finns. De som själva har insett att en förort inte är rätt plats för deras barn att växa upp har på eget bevåg tagit sig därifrån. Dessa har generellt varit det vi kallar "bra invandrare".

Men nu, med detta lagförslag är det risk att det förändras. Plötsligt får alla, mer eller mindre, anledning att lämna de stökiga förorterna bakom sig och istället slå ned sina bopålar i välordnade och välskötta bostadsområden.

Kanske lyckas faktiskt en och annan ung utlänning på det sättet hindras från att dras in i gängkriminaliteten? Det är absolut inte omöjligt, och är ju på kort sikt en vinst. Men det är inte en hållbar lösning.

Ingen lag i världen kommer förändra det faktum att människor vill vara med sina egna. Inte ens en lag från världens första feministiska regering.

EVA-MARIE OLSSON
3 januari 2019

Återvandring är äkta människokärlek

Det där med öppna gränser och svenskhatande maktpersoners önskan om att alla ska bo i Sverige, är det nåt att ha eller är det något som vi kan vara förutan? Om jag själv får svara på den frågan så lutar jag åt att säga att det skulle vara lätt att vara utan den där påtvingade mångkulturen, det skulle faktiskt vara riktigt lätt att vara utan den "heliga kon" "mångkulturen".

Det finns många exempel som bekräftar att folk i gemen inte vill ha det, vi vill inte ha det mångkulturella kaoset tätt inpå oss. Vi gillar inte läget, framför allt inte när våra barn eller våra gamla föräldrar drabbas då gnyr vi lite. När våra djur drabbas då väcks vreden i oss och vi ryter vi till, sen glömmer vi det, går vidare och vänder blad, imorgon är en ny dag.

Om vi svenskar själva får välja då föredrar vi lugn och ro, vi föredrar när det råder ordning och reda. Vi är inte annorlunda än andra folk, vi svenskar mår som allra bäst när vi omges av språk vi förstår, ljud och dofter som vi känner till och känner igen, det är liksom bara så det är. Vi vill såklart även fortsättningsvis ha det trevligt snyggt och städat omkring oss, "lortsverige" har vi sedan länge lämnat bakom oss.

Men, den krassa verkligheten visar på något helt annat, medan vi fortfarande hade tillit till de folkvalda omdanades vårt hemland i grunden. Medan vi sov blev vårt land och vårt folk utsatt för övergrepp. Vårt land blev våldsamt och smutsigt. Så länge vi inte reagerar fortsätter övergrepp efter övergrepp mot oss, det är mobbarens och förstörarens invanda manual och strategi.

Ni har kanske också varit med om att få konstiga blickar av invandrare, blickar som ifrågasätter ifall man är riktigt klok? När vi till vardags rör oss ute bland folk träffar man allt som oftast på stolta utländska nationalister som bär på en glödande kärlek till sitt land, och som i sin tur tar illa vid sig när andra invandrargrupper med annan nationalitet trampar och pratar illa om värdfolket. "Varför säger ni inte ifrån?" Och det är där som det blir svårt.

Vi har genom de senaste årtionden lärt oss att inte ta strid, vi har lärt oss att vända andra kinden till men samtidigt kan vi till mans inte låta bli att se ner på den och på de som gör oss illa, "Så lågt sänker inte jag mig så att jag ger igen med samma mynt". Ponera att du har en latinamerikanska som vän, hon blir smått galen ifall man inte står upp för sig själv, sin familj och för sitt land. ¡Basta! "Vad är det för fel på er svenskar?"

Fegheten sitter djupt rotad, vad är det för fel på oss. Förklaringen är kanske att vi i detta "mångkulturella dilemma" mer är som japaner som med modersmjölken fått sig till livs att vad som än sker hålla god min, men för oss är det förmodligen rätt och slätt det svenska kynnet som gör sig påmint. Vi framhäver oss sällan.

Att blottlägga åsikter och känslor är befattat med överhängande "risk" att någon ska reagera negativt, och det är läskigt. Vi tar hellre på oss "pokeransiktet" och lider i tysthet än att riskera att göra bort oss. Någon annan får gå först, och ta smällen. Med för mycket feghet blir det till sist ohållbart, vem kan se sig själv i spegeln ifall man endast ser den där typen som aldrig tog bladet från munnen och öppnade käften?

Lite till mans går vi alla omkring och bär på sådant vi ångrar att vi aldrig gjorde, eller sa. Inombords och gömt trängs ledsamheter, frustration och ursinne. Tro det eller ej, men sannolikheten är överhängande och stor att locket en dag flyger av "tryckkokaren". Det fungerar så.

Förmodligen och kanske dagligen på våra arbetsplatser träffar de allra flesta av oss på riktigt trevliga invandrare. Under fikaraster pratar vi med invandrare som ventilerar att inte heller de vill ha mångkultur och kaos utan önskar precis som vi svenskar att ha det lugnt och skönt, för den egna familjen. Man vill att barnen ska ha det bra, bli duktiga och få bra jobb.

Att vara svensk, eller för den delen vara ny medborgare i "AB Sverige" är inte lätt. Såklart är det olika grader i helvetet och alla behöver någon gång komma bort, andas och slappna av i mer lugn och hemtam miljö. Våra invandrade arbetskamrater reser då och då med familjen till hemlandet för att träffa släkt och vänner. Man reser bort ett tag för att "ladda batterierna", ny energi behövs för att orka med att bo i Sverige.

Det blir så väldigt ologiskt och himla rörigt i tankebanorna när invandrare ifrågasätter vad vi gör med vårt land, det kan låta "Hur kan ni göra så med ert land" och "så som ni gör mer ert land skulle aldrig mitt folk i hemlandet gå med på att man gör med vårt land". Ja vad säger man. Till och med invandrare ifrågasätter den förda invandringspolitiken och det är inte utan att man skäms för vad svenska politiker med vår hjälp iscensatt. Så går en dag till och så rullar det på. Vi står där mer eller mindre förvirrade, tiger still och låter det ske. Svenskar och utlänningar vantrivs av samma orsaker och grunder, vi vill bo bland likar.

I dagarna uttalar sig professorer om att vårt land är i kris, det kommer aldrig att gå om inte integrationen fungerar får vi höra, och det gör den ju inte det kan vi alla se. Det behövs tydligen professorer för att göra halvdana iakttagelser och dra felaktiga slutsatser. Om vi ser nytert på våra barns framtid så är det inte integration vi mest behöver, vi behöver var och en hem till sitt. Återvandring är kärlek.

Återvandring är kärlek, det är kärlek på det breda och på det djupa planet. Önskar vi en riktig och äkta mångfald då ser vi till att bevara olikheter. I våra hemländer lever vi våra liv så lika kulturellt som vi gjorde en gång, och så reser vi utomlands och hälsar på varandra där, ifall vi vill. Jag å min sida har sedan länge gjort aktivt val, jag reser inte till Mellanöstern och ej heller till afrikanska kontinenten. Och på senare tid känns det inte ens en gång särskilt trevligt att ta bilen in till Malmö.

För det allra mesta umgås vi helt naturligt med likar, fastän det finns propåer från högre ort och integrationsdrömmar från politiker att vi ska blanda upp oss med varandra. Vi vill inte det. För några år sedan ställde jag frågan till ett svenskt par varför dessa flyttat ut från stadsdel södra Söderkulla i Malmö, "Hm… jo… för att det i området har flyttat in så många med fotsida klädedräkter", och jag minns också tydligt de muslimska kvinnorna på Rosengård som inte vill förflytta sig utanför bostadsområdet, de vill inte "arbeta" tillsammans med svenskar (finns projektut-värdering om det, Jallatrappan).

Det vi nu ser utspela sig i vårt land inför mer eller mindre öppen ridå är ett sådant kapitalt misslyckande blandat med ren och skär ondska och förstörelselusta, och detta iscensatt av personer i maktposition. Ja jisses vilken röra. Vän av ordning som önskar ett logiskt tänkande samt att rättfärdigt handlande ska råda bland folkvalda politiker kan se sig i stjärnorna efter det.

I maktens boningar träffas överenskommelser så att till och med invandrare ifråga-sätter politikers mentala förmågor då beslut och dess verkningar visar på galenskap i all sin nakenhet. Etablissemanget bryr sig inte ens längre om att dölja, utan man kör på med tekniken att prata tvärtomspråk, ett språk som medielakejerna sväljer och låter vara utan besvärande följdfrågor.

Det händer allt som oftast att personer från fjärran länder i förvåning skakar på huvudet åt oss svenskar. Älskar vi inte vårt land? Älskar vi inte vårt folk och vårt land så som de älskar sitt? Det borde vara lätt att svara på, men det kräver att man tänker igenom ett och annat. Såklart älskar de flesta svenskar sitt land, jag vill tro det i alla fall, men ibland slår tvivlet sin rot i en då det finns de svenskar som hävdar att det inte spelar någon roll om vem som bor här i vårt land. Det spelar en väldigt stor roll vill jag hävda.

Vår nedärvda kulturella identitet är ständigt i kollisionskurs med främlingarna i vårt land. Vad fick jag ut av att tiga still den där gången då jag inför en yrkesutbildning fick höra av en muslimska att det var rasistiskt när vi etniska svenskar blev färdiga långt före dem med testet i läsförståelse, allmänbildning, hälsa och näringslära.

Där reagerade jag som en fegis, jag låtsades inte höra när hon trampade på mig och på mitt folk. Men såklart visste hon att så länge vi låter oss trampas på, blir vi trampade på. Den muslimska kvinnan var med all säkerhet informerad om att vi svenskar är ett svagt och underligt folk då vi sällan tar parti för oss själva utan faktiskt mer ofta precis tvärt om. Yttrandet var för henne en bagatell och personligt säkert, hon visade tydligt ett herremannabeteende gentemot värdfolket, och hon gjorde det helt rakryggat stolt, och högt.

Det råder inga som helst tvivel om att vi svenskar behöver vårt land, det enda land vi har behöver vi. Vi behöver även politiker som inte är mot oss, utan med oss, och vi behöver förening för svenskar. Och då är det en himla tur att vi har det nu, vi har föreningen Det fria Sverige, alltid på svenskarnas sida. Tillsammans bygger vi det vi måste. För oss, våra barn och för kommande generationer går vi samman. Sverige är vårt land. Återvandring är kärlek, äkta kärlek.

MAGNUS SÖDERMAN
3 januari 2019

Svenskars vardag: "Jobbigt att alltid vara i minoritet" i skolan

Kanske tillhör du skaran av svenskar som oroas över den demografiska utvecklingen och inser – vad än regimens trogna hävdar – att vi går mot att bli en minoritet i vårt eget land? Tyvärr är din oro befogad och redan nu är svenskar i minoritet litet varstans.

Framförallt unga drabbas hårt av den förändrade demografin. Övergrepp, våld och allmän otrygghet är vardagsmat för unga svenskar runt om i Sverige. Särskilt allvarligt är det i områden som antingen tagit emot många "ensamkommande", eller de förorter som sakta men säkert under åren förvandlats från svenska till utländska – den så kallade "orten".

Svenskt vittnesmål

Stockholm Direkt har pratat med Johan från Upplands Väsby utanför Stockholm. Upplands Väsby huserar både svensk medelklass såväl som utlänningar. Även om det inte är som Rinkeby eller Botkyrka så kan det vara illa nog. Speciellt illa är det när man går i skolan och tvingas ihop med människor som man inte har något gemensamt med.

Johan berättar hur det var:

– Varje vecka var det: "Hahaha, Svennebanan! Jävla nörd!". Det räckte med att man ställde en intresserad fråga på lektionen eller googlade på något akademiskt. Det blev alla mot en, just för att jag var svensk.

Johan råkade illa ut eftersom han var svensk. En utländsk klasskamrat som var lika studieintresserad som han själv klarade sig undan, eftersom han var utlänning. Men Johan kämpade på frågan hur? svarar han:

– Vad skulle jag göra? I början blev jag skitsur, ville slåss. Men jag vande mig. De kunde säga vad de ville till mig, nedvärdera mig. Och det fanns inget jag kunde säga tillbaka. Jag lyckades aldrig smälta in. Men jag lärde mig leva med skiten.

Också systern drabbades
Inte bara Johan hade det tufft. Hans syster upplevde också hur det var att vara minoritet i sitt eget land. Även om alla inte betedde sig illa så var det påtagligt obehagligt:

– Det går inte att dra alla över en kam. Men det kändes som att de tittade ner på oss som var vita medelklass-svenskar och tyckte att vi behövde tryckas ner. Kanske ville de straffa oss för rasismen i det svenska samhället.

Väluppfostrad svensk som hon är tar hon dock på sig lite av skulden själv:

– Jag tyckte de var läskiga och gick undan när de kom. Och då tänkte de nog att jag var rasist. Det skapade en klyfta som inte borde finnas. Vi borde prata med varandra istället om hur vi upplever det här. Alla är ju egentligen lika, alla är här för att gå i skolan.

Unga svenskar är utan skuld
Reportaget i Stockholm Direkt är läsvärt, även om det inte talar klarspråk. Syskonen får sedan berätta hur de upplevde situationen när de studerade vidare. Då de hamnade i innerstan kände de återigen att de inte passade in. Denna gång mötte de ”överklassen”. Syskonens mamma säger:

– Det finns vi-och-dom-motsättningar på så många nivåer, så många hinder mellan olika delar av Stockholm som inte bara handlar om hudfärg och bakgrund. Det här är strukturer som inte bryts ner om inte de vuxna tar tag i det.

Visst är det så att det uppstår påfrestningar när man möter människor från helt andra bakgrunden än en själv. Kaka söker alltid maka. Men man kan inte jämföra etniska och kulturella främlingar med svenskar från olika samhällsskikt.

Så kallade ”klassklyftor” går i allt väsentligt att överbrygga (om det är önskvärt) vilket värnplikten kan vittna om. Möjligheten till utbildning oberoende av socioekonomisk bakgrund är ett annat exempel. Med det sagt så är det dock klart att några egentliga ”klassresor” inte låter sig göras. Man är som man är och präglas av sin uppväxt.

Men när det gäller relationer mellan svenskar så finns likheterna där i alla fall. Låt oss kalla det för en essens inom oss. Vi är av samma kynne, talar samma språk och har gemensamma rörelsemönster. Vi kan läsa varandra och förstå varandra. Det går inte med främlingar.

De unga svenskar som lider i skolan idag tar på sig ett delansvar. Det gör de fel i. I säg är det inte konstigt att så sker eftersom de också växer upp med amsagor om svenska rasism och vit skuld. Medan dessa får dem att skygga så ger det utlänningarna ett ressentiment som tar sig olika uttryck; bland annat sådana som Johan berättade om.

Det blir värre – sedan vinner vi
Syskonen i reportaget har kommit lindrigt undan jämfört med somliga andra. Men i takt med att polariseringen ökar och massinvandringen fortsätter så kommer det bli värre. Svenskarna kommer inte att vara någon uppburen minoritet i Sverige och några tack för att vi gav bort vår rättmätiga särställning kommer inte komma.

Men det är inte bara på grund av massinvandringen och politikernas vanstyre som det kommer bli värre. Det finns en annan aspekt som vi sällan väger in. Det fria Sveriges ordförande, Dan Eriksson, skrev på Twitter angående reportaget i tidningen:

"Jag hoppas de går hem och hatar sina sjuklöverröstande föräldrar. Det behövs ett riktigt uppror mot ännu en föräldrageneration som svek."

Hans önskan kommer att slå in. Många kommer göra precis det. Hatet finns där, hela tiden. Mot alla som svek: föräldrar, skola, stat – samhället som stort. Dessa hörs och syns inte som skinnskallarna på 1990-talet, men de finns där. Och de blir fler. Och argare. Inom sig bär de en slumrande naturkraft, en arkaisk vrede. Potentialen för förstörelse är enorm, vilket vi måste vara medvetna om.

Vår stora uppgift – som nationell opposition – är att greppa tag i dessa åsidosatta svenskar och förmå dem att använda sin vrede rätt. Den får inte lämnas otyglad. Å ena sidan måste vi göra det för dessa unga svenskar skull, eftersom de annars kan förtäras av sig själva, men också eftersom de är vägen framåt. En kraftfull ung idealism driven av myten om det fria Sverige kommer en dag leda fram till vår svenska, nordiska, europeiska Reconquista!

JALLE HORN
6 januari 2019

Teveserien His dark materials

Under senhösten fram till juletid sändes första säsongen av His dark materials. Teveserien, som bygger på en romantrilogi av fantasyförfattaren Philip Pullman, har jämförts ömsom med Game of Thrones och ömsom med Harry Potter. Ingen av jämförelserna är särskilt bra. Och än så länge har teveserien inte hittat det där riktiga stinget.

Första säsongen av His Dark Materials är slut efter åtta avsnitt. Teveserien har i Sverige behållit den engelska titeln fastän romantrilogin är känd under namnet Den mörka materien. Mer om namnet längre ner!

Först lite om jämförelserna med Game of Thrones, vilka har gjorts i allehanda recensioner, internetfora etc! Egentligen är det bara fantasygenren de två roman-/teveserierna har gemensamt. Jämförelsen bygger snarare på idén att Game of Thrones plötsligt tog slut efter åtta (plågsamt långa) år och att något nytt storslaget borde ta vid för suktande fantasyteveknarkare. Och både serierna är gjorda av HBO (tillsammans med BBC).

His dark materials har således mycket att leva upp till, d.v.s. om den ska fånga lika mycket publik som GoT. Det kommer den knappast att kunna göra. Inte på grund av kvaliteten utan därför att GoT kunde haussas upp genom åren, var gjord för vuxna (och ungdomar) samt byggde på storpolitik, våld och sex i en salig blandning.

Teveserien His dark materials försöker också fånga alltifrån barn till vuxna, men de två huvudpersonerna är trots allt barn, och romanerna är uppenbarligen skrivna för yngre människor, även om vuxna förstås kan läsa dem med stor behållning. Storpolitik och spektakulära händelser och varelser finns det gott om – men knappt något sex och våld. Och serien kommer knappast att gå över åtta säsonger, varför den inte sakta men säkert kan haussas upp.

Inte heller jämförelsen med Harry Potter är särskilt lyckad. Harry på pottan gick inte på teve men har sina åtta filmer utgivna över tio år. Liksom i Pullmans romantrilogi (han var ett par år före Rowling) står barn i en fantasyvärld i centrum. Men Harry Potters framgångar bygger också på hajpen genom åren samt på att det är mycket mer melodram i handlingen. His dark materials är mer finstämd på den fronten.

Framgångarna för teveserien His dark materials kommer därför knapppast att nå upp till varken Game of Thrones eller Harry Potter-filmerna. Pullmans tre romaner har sålts i miljoner exemplar, precis som Rowlings och Martins böcker, men teveadaptionen kommer inte att slå på samma sätt som GoT och HP-filmerna, tror jag.

Därmed kan vi äntligen vända oss till His dark materials själv. Romantrilogin handlar om den elvaåriga flickan Lyra och den tolvårige pojken Will. De, och särskilt Lyra, är huvudpersonerna. I romanen finns flera parallella världar. Wills värld är vår egen medan Lyras har många likheter men också många saker som skiljer. Likheter är t.ex. geografin och många av namnen (som dock har en liten annan klang). Fast i Lyras värld har teknologin tagit en annan utveckling. Den är inte lika sofistikerad, eller så är den sofistikerad på ett annat sätt. Vidare finns det många "magiska" inslag i tillvaron, bl.a. häxor som utgör ett eget folk (och ja, de flyger) och intelligenta, bepansrade isbjörnar.

Den mest markanta skillnaden är att varje människa (och häxa) har en daimon, ett djur som är en vital del av personens själ. Daimonen måste befinna sig alldeles i närheten av sin person, fast vissa har lärt sig att behärska större avstånd. Ifall personen dör löses daimonen upp och om daimonen dödas dör dess person. Barns daimoner kan byta skepnad, d.v.s. djurart, fast i och med puberteten bestämmer sig daimonen för ett slutgiltig djur.

I Lyras värld härskar magistratet, en religiös orden som tydligt påminner om katolska kyrkan under inkvisitionens dagar. Deras mål är att förhindra kätterska tankar och handlingar vilka kan skapa en ödesdiger, syndig utveckling. Deras världsbild, kraft ochg hållning bygger på en urgestalt som kallas Auktoriteten.

Lyra (Will dyker först upp i andra boken) är en föräldralös flicka som lever på universitetet i Oxford. Hennes farbror Lord Asriel dyker upp med nyheter om sin forskning. Långt uppe i Norden har han upptäckt att det tycks finnas flera världar och han försöker finna förbindelser mellan dem. Det hemlighetsfulla ämnet "stoft" (det är den mörka materien) – kätterskt enligt magistratet – har en särskild roll därvid. Det är uppenbart kättersk verksamhet, så han utsätts för ett mordförsök innan han åter drar norrut. Samtidigt har barn börjat försvinna, bl.a. en vän till Lyra. Snart kommer också en viss mrs Coulter till Oxford, och hon tar med Lyra till London som assistent. Före det får Lyra en manick av Oxfordrektorn, en s.k. alethiometer (sanningsmätare på grekiska) som visar sanningar för den som förmår läsa dess tecken korrekt. Lyra visar sig snart ha en helt särskild förmåga att avläsa alethiometern.

Lyra dras således in i händelsernas centrum. Mrs Coulter och magistratet ligger nämligen bakom de bortrövade barnen. När Lyra upptäcker det rymmer hon och far själv norrut tillsammans med en grupp som tänker kriga för att få tillbaka barnen. Lyra vill också få svar på vad ämnet "stoft" är, vilket kan ge henne svar om henne själv. Det hela utmynnar i förbindelser mellan världarna samt ett krig mot själva magistratet och dess urgestalt Auktoriteten. I den kampen dras även Will, försedd med ett särskilt vapen, in. Även varelser som kallas änglar kommer att ha en särskild roll i det kriget.

År 2007 kom filmen Guldkompassen som gestaltade den första boken i serien. Den fick inte tillräckligt bra mottagande, trots bl.a. Daniel Craig och Nicole Kidman i rollistan, varför man gav upp filmatisering av de två återstående böckerna. Men nu har alltså BBC och HBO tagit sig an projektet. Om inte publiken helt uteblir kan vi nog räkna med att de ror det i hamn. Första säsongen är färdig och den andra är redan färdiginspelad. Att ge upp när det blott återstår en eller två säsonger vore idiotiskt.

Första säsongens åtta avsnitt återger första romanen i trilogin med undantaget att Will presenteras redan här, och något äldre än i romanerna. Hans bakgrund laddas med mystiska omständigheter. En person från magistratet, som har funnit en förbindelse mellan världarna, spionerar på honom, vilket också skiljer sig från romanerna. Det är bra gjort, för annars blir det krångligt att presentera händelserna kring Will i nästa säsong; sådant är betydligt lättare i romanform.

Teveserien fångar händelserna väl, inte bara handlingen utan också det fantastiska innehållet med daimoner, pansarbjörnar, häxor, ämnet stoft m.m. Några viktiga saker finns att anmärka på, men det är mest en personlig uppfattning. Dels tycker jag att skådespeleriet inte alltid håller. Det gäller framför allt barnen, inte minst Lyra. Eftersom hon står i centrum förloras därmed en del känsla för handlingen. En annan sak är att en viss nervkittlande spänning saknas, tycker jag, även om manusförfattaren och regissören verkligen har försökt åstadkomma sådant. Det är något som gör att man inte blir helt bergtagen. En tredje anmärkning rör daimonerna, särskilt Lyras. De syns förstås hela tiden, men i böckerna finns det mycket mer intimitet och kommunikation mellan dem och deras person.

Jag är inte den som brukar jämföra roman och film. Oftast görs det till filmens nackdel. Jag tycker sådant är meningslöst eftersom det rör sig om olika medier. Däremot tycker jag att teveserier med sina eviga avsnitt och säsonger har svårt att hålla dramatiken vid liv och karaktärerna intressanta på ett bra sätt. I Game of Thrones var det helt uppenbart. Alla personer var rätt tråkiga på slutet i mitt tycke, och handlingen var lite vilsen. Tack och lov verkar det bara bli 3-4 säsonger av His dark materials. Förhoppningsvis blir också de kommande säsongerna bättre än den första.

Philip Pullman har hämtat trilogins titel från en passage i John Miltons 1600-talsepos Paradise Lost, som handlar om Lucifers fall och hur han slutligen lurar Adam och Eva att äta av den förbjudna frukten varmed de blir fördrivna från paradiset. Miltons epos är överhuvud en viktig inspirationskälla. Fast Pullman vänder på steken. I His dark materials omgärdas Lyra av en profetia som ska bringa magistratet på fall; enligt dem är den flicka profetian omtalar en ny Eva som enligt deras syn kommer att återföda synden, något magistratet, d.v.s. (den katolska) kyrkan försökt kväsa. Fast i Pullmans trilogi innebär preofetians uppfyllelse tvärtom en befrielse.

His dark materials har således en stor dos kyrkokritik. Romanerna väckte mycket kritik från katolska kyrkan, och vissa menar att den häftiga kyrkliga kritiken förhindrade filmatisering av de två sista romanerna efter Guldkompassen 2007. Pullmans religiösa kritik i böckerna har dock inget med vetenskapsvurm á la föreningen Humanisterna att göra. Romanerna är ju fulla av profetior, parallella världar, magiska föremål och fantasifulla varelser. Snarare kritiseras kyrklig dogmatik och inkvisition samt kristen sexual- och världsförnekelse. Och förresten, redan Miltons verk visar en uppenbar fascination för Lucifer. Men visst, urgestalten Auktoriteten i His dark materials, seriens största fiendegestalt, kan gott tolkas som Gud.

För teveseriens del har den kristna kritiken hittills varit betydligt lågmäldare än tidigare. Men så har kyrkan fullständigt gått vilse de senaste tio åren, eftersom den hyllar flyktingströmmar och islamism, vilket om det fortsätter i utlagd riktning skulle innebära både kristendomens och kyrkans undergång. Oavsett våra kyrkor ger kristendomsanspelningarna i His dark materials en särskild laddning åt handlingen. Det är trots allt viktiga referenspunkter i vår kultur. Och Pullman använder det på ett mycket fantasieggande sätt.

De som har missat säsong 1 kan säkert se avsnitten via någon streamingtjänst på internet eller så går de väl att köpa på dvd. Även om säsongen kunde varit något bättre är det bra teve. För den som är mer gammaldags lagd blir det väl att gå till biblioteket och låna böckerna. Det är faktiskt än mer värt.

MAGNUS SÖDERMAN
7 januari 2019

Förbered dig på orostider och nya invandringsrekord

USA hotar Iran och Iran hotar USA i kölvattnet av raketattacken mot Qasem Soleimani i Irak. Iraks parlament har röstat för att USA med allierade ska lämna landet, vilket USA tänker ignorera. Att världen håller andan är ingen underdrift. Låt oss därför se hur Sverige och svenskarna kan drabbas om hoten blir verklighet.

Sannolikheten för en direkt konfrontation mellan USA och Iran; med trupper på marken likt det vi såg i Irak 2003, är inte stor. Båda parter vet att det är en riktigt dålig idé. Iran vet det eftersom de skulle förlora om USA gav sig f-n på att besegra dem och USA eftersom de vet att det skulle kosta ohyggligt mycket. Därtill skulle något liknande definitivt kunna utlösa ett storkrig i regionen med inblandning från såväl Ryssland som Kina, för att inte tala om alla andra länder, diverse miliser och terrorgrupper som finns på plats. Något annat som också talar mot att man vill ha denna typ av storkrig är att Israel skulle vara mycket hotat och med tanke på att USA och västs primära bevekelsegrund för de eviga krigen i Mellanöstern är Israels säkerhet, så vill man inte riskera att starta något man inte vet hur det ska sluta. Israel å sin sida har den fortsatta drömmen om Eretz Yisrael (Israels land), ett Storisrael som i princip omfattar hela regionen, men det ligger ännu långt bort. Israel (och därmed USAs) främsta intresse är inte ett storkrig utan ett konstant kaotiskt läge där de olika arabiska folken, samt det persiska Iran, ligger i luven på varandra; dels på grund av olika geopolitiska skäl, men också religiösa (sunnni och shia). Om USA med sin koalition skulle göra sig omöjlig i området och till råga på allt (om än tillfälligt) ena arabstaterna och Iran, så kan det sluta hur som helst. Risken för det är kanske inte så stor, men när Trump hotar att angripa mål som är kulturellt viktiga för det iranska folket så är man ute på farligt vatten. Samma idé hade IS för övrigt. I sammanhanget måste man förstå att också arabledarna (även de som är lojala med USA) till syvende och sist har en folkopinion att förhålla sig till. Blir trycket för hårt så kanske man till sist måste släppa gamla allianser.

Med allt ovan i åtanke så är en sak säker; det kommer bli rörigt i Mellanöstern. Rörigare än på länge. Under IS sista tid (ja, de finns kvar men har inte samma kraft) kunde vi se hur Iran och USA helt plötsligt var på samma sida ett tag. Bilderna på den nu avrättade Qasem Soleimani tillsammans med amerikanska soldater och sina egna milismän visar läget för inte så länge sedan. Då gick det bra för USAs president att samarbeta med mannen som han något senare kallade för den främsta terroristen. I sig inget nytt under solen. USA finansierade och utbildade Usama bin Ladin; USA satte mullorna i Iran vid makten; USA var allierad med Saddam Hussein; USA finansierade och beväpnade IS. Mellanöstern är en salig röra och det kommer bara blir värre. Det hela är ett olösligt problem om vi ska se krasst på saken. Det kommer tider av mer eller mindre lugn, men någon fred kommer inte bli av och förr eller senare kommer antingen USA/Israel vara herrar på täppan, eller så kommer de inte vara alls. Men detta är ett helt annat ämne. Vi kan sluta oss till att det kommer att bli rörigt, våldsamt och eländigt. Kanske värre än när IS gjorde sina framstötar och etablerade sitt kalifat. Detta kommer att påverka oss i Sverige och det måste vi vara förberedda på. Låt oss se på vad som väntar oss.

Att Sverige skulle bli indraget i ett regelrätt krig – ett tredje världskrig – kan vi lägga åt sidan. Förvisso kan svensk trupp hamna i strider i Mellanöstern, vi tillhör ju USAs koalition och våra soldater finns (fanns) på amerikanska baser. Men något militärt hot mot oss här uppe i Norden är uteslutet. Antagligen kommer vi få se hur proxykrigen förvärras i Mellanöstern. Iran vill inte ha strider på eget territorium så man kommer mobilisera sina trogna miliser i Irak, Syrien och annorstädes för att slå till mot USA och Israel samt Saudi (eller andra gruppen som är lojala med denna oheliga allians. De kommer i sin tur attackera nämnda miliser men också slå till mot mål i Iran, utan att för den skull invadera. Måhända kommer också IS (eller någon liknande) få en renässans och breda ut sig i det allmänna kaos som kommer att komma. Turkiet har också sina intressen som de kommer att tillvarata. Exakt vad det innebär är svårt att sia om.

För Europas del betyder proxykrig i Mellanöstern flyktingar (både riktiga flyktingar, men i ännu högre utsträckning, lycksökare som ser sin chans). Riktiga flyktingar tenderar att hamna i närområdet till konflikten. Frågan är dock hur stort konfliktområdet kommer att vara. Hittills har Jordanien och Libanon tagit emot flyktingar från krigets Syrien. Också Turkiet har gjort det, framförallt för att använda dem som ett slagträ mot Europa. Att ta sig mot Europa är det naturliga om proxykrigen börjar likna ett storkrig i regionen. Det finns inte mycket att hämta i Georgien eller Armenien, inte heller i söderut i Afrika. Det är Europa som hägrar.

Vägarna in i Europa vet vi. Över Medelhavet eller Grekland och Balkan. Om människomassorna i Mellanöstern börjar röra på sig i stora numerär i samband med krigen som kommer så vet vi också att andra kommer att passa på. Viljan att lämna Afrika har inte gått ner på sistone. Det vi har att vänta är således – om de värsta sannolika scenarierna blir verklighet – en migrantvåg av extrema proportioner som slår över Europa. Redan nu väntar hundratusentals – eller ännu fler – i Balkan och vid andra rutter på att kunna ta sig in i Europa. Dessa kan snart fyllas på med åtskilliga miljoner människor. Den "flyktingkris" vi hade för några år sedan kommer inte komma i närheten av vad som väntar.

Hur rustade står det liberala demokratiska Europa inför detta? Inte alls är svaret. Ungern och Polen kommer att stå på sig. I Italien har dock Salvini och Lega inte längre möjlighet att agera och i Österrike finns inget FPÖ (Kurz ligger nu till sängs med de gröna). Spanien är fortsatt hopplöst. Frankrike... Tyskland. Vi vet svaren. Och i Sverige har vi en riktig rödgrön smörja vid makten. Visst hade det gått upp för de flesta att det som hände för några år sedan inte får upprepas. Men politiker som är beredda att säga nej, stänga gränserna och kommendera ut militären för att hålla gränsen finns det inte många över. Gränserna kommer stå vidöppna. Inte bara på grund av svaga politiker utan också eftersom starka ekonomiska krafter (George Soros med flera) kommer mobilisera de sina för att säkerställa så att gränserna hålls öppna. Effekterna på Sverige och Europa går knappt att föreställa sig. Detta är vad vi måste förbereda oss på; en extrem demografisk förändring som sker över en natt. Glöm välfärd, glöm ordning och reda, glöm social trygghet. Om det värsta scenariot slår in så knäcks Europa, och Sverige – eller snarare: EU och AB Sverige. Europa kommer stå fast, så också Sverige – det fria Sverige. För oss som förberett oss kommer framtiden fortsatt vara något vi kan se mot med tillförsikt. För alla andra så kanske ett tredje världskrig hade varit att föredra.

JALLE HORN
8 januari 2019

Kvinnorna har tagit över – i fantasins värld

Feminismens framfart vet inga gränser. Nu senast är det damerna som räddar världen från de hänsynslösa terminatormaskinerna i Terminatorfilmen nummer 6. Även om en åldrande Arnold Schwarzenegger får vara med på ett hörn är det tjejerna – både unga pumor och gamla kärringar – som står för både våld, pepp och jävlar anamma när de räddar människosläktet.

Kvinnorna är filmens nya actionhjältar de senaste åren. Damerna märks inte bara i roller där de trots sitt fysiska handikapp i förhållande till män lyckas klara skivan. Nuförtiden har de osedvanlig styrka, och uthållighet samt behärskar allehanda stridstekniker. Tittar man på verkligheten är det högst overkligt. Men i Hollywoods värld verkar nästan varannan film låta en kvinna vara actionhjälten.

Kanske började den trenden på allvar med marvelfilmerna. Killar som Spindelmannen var först på plan och dominerar fortfarande; de flesta marvelfilmerna skildrar superhjältemän. Men damerna har kommit mer och mer på senare år. Men i marvelfilmerna spelar det mindre roll om kvinnor är actionhjältar med utmärkande styrka; superhjältarna av båda könen råkar födas med eller få särskilda krafter. Och man märker ändå av en rätt sund könsskillnad i marvelfilmer. I t.ex. X-menrullarna är killarna killiga och tjejerna tjejiga, hur särskilda krafter var och en än har.

Men i många andra filmer tar kvinnorna för sig mer och mer. I den senaste Terminatorfilmen som kom i höstas, Terminator: Dark Fate, har det fenomenet satts på sin absoluta spets. Som vanligt – intrigen börjar bli rätt träig – skickas en robot tillbaka i tiden för att mörda en person som ska spela en avgörande roll i kampen mot maskinerna. En mexartjej är målet den här gången. Först tror de inblandade att det beror på att hon kommer att föda en stark ledare, men det kommer till sist fram att det är hon själv som är den stora ledaren med jävlar anamma och förmågan att resa mod och kraft i medmänniskorna.

Hjälpredan från framtiden är den här gången en tjej hon med, en ung kvinna som är människa i grund och botten men som har fått robotmaterial infogat i kroppen, vilket gör henne särdeles stark och härdig. Som lök på laxen får en gammal Sarah Connor (det första målet för terminatorn i filmen från 1984) rollen som cool Arnold-Schwarzenegger-old-school-robot, som dyker upp som gubben i lådan och pepprar mördarroboten när det ser svårt ut. Precis som Arnold i filmerna 2, 3 och 5 rör hon sig metodiskt och iskallt. Givetvis är det en lek med filmmediet; själva filmningen när hon dyker upp är gjord som i de gamla filmerna med Arnold.

Tre damer således som kämpar mot en mördarrobotman med överlägsna krafter och förmågor. De lyckas fly från roboten och tar sikte mot koordinater som tjejen från framtiden har intatuerade. Det blir att illegalt ta sig över gränsen till USA. Det obligatoriska invandrartemat löses därmed. På plats träffar de ingen mindre än Arnold själv, som efter trettielfte försöket lyckades mörda Sarah Connors pojk och nu har dragit sig undan, blivit mänsklig och skaffat – tro det eller ej – familj. Ja, inte sådär biologiskt utan mer som omhändertagande familjefar! Tillsammans måste de fyra sedan försöka få bukt med mördarterminatorn.

Kvinnorna i filmen är inte att leka med. Killar som gillar kvinnor med skinn på näsan göre sig inget besvär, ty de kommer att få näsan krossad. Så tuffa är brudarna. De nästan överträffar Arnoldterminatorn i beslutsamhet och våldsamhet. Nåja, det är fria fantasier i science fiction-format, så man ska väl inte oja sig så mycket över damernas overkliga åtaganden.

Filmen är lika löjlig som den är dålig. Charmen från de första terminatorfilmerna är borta och det påminner lite om Disney-Star Wars misslyckade försök att få liv i gammalt skrot. Även där är ju hjälten nuförtiden en hjältinna. Faktum är att den feministiska touchen á la "kvinnor kan bättre än män" faller helt i och med att terminatorfilmen är så totalt urusel.

Det är nämligen inte bara handlingen som är uttjatad och dum, vilket lägger en rejäl skugga över kvinnornas enastående förmågor i filmen. Arnold framstår som en Marlon Brandon bredvid tjejerna. Inget ont om Arnolds skådespelartalanger, han duger alldeles utmärkt i Hollywoodfilmer. Men fy fan – ursäkta språket – vad kassa de tre damerna är. Femistisk hybris i all ära – men kan de inte ha det lite finess? Tydligen inte, ty de tre überfrauen spelar så dåligt det över huvud taget är möjligt.

Även Arnold har ett värdelöst manus att förhålla sig till, men han klarar det galant i filmen. Kvinnornas oförmåga på den fronten gör att alla deras vålds- och ledarfärdigheter inte är det minsta övertygande. Det är ju ändå en av skådespeleriets viktigaste funktioner, att få teaterspelet att verka verkligt.

Ergo: feminismen är inte övertygande.

Vill du ändå gärna se en film där en kvinna tar sig an en ledar- och krigarroll, se då hellre filmen Boudica. Den handlar om en keltisk kvinna som förenar några stammar i Britannien för att göra motstånd mot romarna under det första århundrandet e.Kr. Filmen från 2003 är inte direkt lysande; förhoppningsvis är den från 2019 bättre. Oavsett framställer de en historiskt verklig kvinna som gjorde en enastående bedrift.

OLOV ANDERSSON
8 januari 2019

Trubadurkulturen och den svenska vissången

Kristnandet av Europa under medeltiden medförde att vår världsdel i hög grad enades i en gemensam kultursfär. Ett viktigt centrum för denna kultursfär var Provence. Den provensalska litteraturen, riddaridealet och trubadurkulturen kom att utvecklas till en alleuropeisk kulturyttring som i flera avseenden definierar den europeiska identiteten än idag.

Provinsen Provence i sydöstra Frankrike var under medeltiden underkastat flera folk och kungadömen; bland annat burgunder, Tysk-romerska riket och Aragonien, innan Frankrike slutligen lyckades befästa sin överhöghet. Trots detta kunde Provence länge hävda sin autonomi och styrdes av de inhemska grevarna.

Provence utgör en del av Occitanien, det forna land i södra Frankrike, nordvästra Italien och norra Spanien där occitanska talas. (Provensalska är en dialekt av occitanska även om det förr användes som en benämning för hela det occitanska språket.) Dess tidiga befolkning utgjordes av iberer och ligurer, vilka sedermera underkuvades av kelter och goter.

Det som förenade och sammansmälte Occitaniens folk under antiken var att de enades i sitt motstånd mot romarriket, för vilket de blev kända vida omkring. När de ändå hamnade under romersk överhöghet, så reste de under många århundraden ständiga uppror mot ockupationsmakten. Självständigheten kom när Västrom föll år 476. Då var Occitanien redan kristnat men upprätthöll en fornkyrklig variant av kristendomen som värdesatte folklig bibelläsning och var kompatibel med de inkommande goternas germanska kristendom. Att folket studerade bibeln fungerade som en demokratisk spärr mot korrupta prästerskap, eftersom dessa förhindrades att pådyvla folket läror som saknade bibliskt stöd. Även efter kristnandet värnade Occitanien sitt oberoende och blev snart känt för sitt motstånd mot påvedömet. Legenden förtäljer till och med att när den katolska kyrkan började göra framstötar på de brittiska öarna i början av 500-talet, så valde tre av kung Arturs riddare – Parsifal, Galahad och Bors – att fly med den heliga Graal och Ödets spjut till Montsalvat i Occitanien för att finna en fristad. I slutet av 500-talet lyckades dock påvedömet göra Occitanien formellt katolskt, men landet kunde tack vare sin höga bibelkännedom ändå bibehålla en hög grad av religiös självständighet och utgöra ett centrum för "kättarrörelser" ända fram till 1300-talet.

Det medeltida Occitanien var länge Europas kulturella centrum och hade goda förbindelser med kungahus över hela Europa. I dess kultursfär växte det europeiska riddaridealet fram. Riddaridealet kännetecknades av det ålåg mannen att t.ex. skydda familj och hem; högakta kvinnor; hjälpa fattiga; iaktta måttfullhet inför mat, dryck och spel; inte spotta och svära; öva sig i poesi och musik och bilda sig i kristen tro, jakt, jordbruk, krigskonst, språk och litteratur.

Trubadurkulturen växte också fram i denna kultursfär och hade sitt epicentrum i Provence. En trobador var en kombination av sjungande musikant, underhållare och nyhetsförmedlare. Trubadurernas lyrik utgjordes ofta av kärleksdiktningar som dyrkade kvinnan eller prisade Gud, men även naturromantik och smädedikter förekom frekvent. De besjöng även historiska och samtida krig, riddarkulturen, vidarebefordrade nyheter och kommenterade politiska spörsmål. Genom sitt urval av visor kunde de ha stor politisk påverkansmöjlighet om de så önskade, deras popularitet gjorde att makthavarna tvangs förhålla sig till dem för annars kunde de räkna med att bli skildrade i nidvisor och tappa sitt folkliga stöd. Ofta var trubadurernas visor baserade på antika folkdanser och gammal folkmusik, som de populariserade och bevarade fast med ny en lyrik, ackompanjerade med sina lutor. De sjöng alltid på det provensalska folkspråket och uppträdde ofta vid hoven, men även på mer folkliga tillställning och hos riddarordnarna. Trubadurerna hade en hög ställning, så att talangfulla trubadurer utan svårigheter kunde finna mecenater vid hoven och därigenom trygga sitt uppehälle när de vandrade kring och var verksamma runt hela Europa. Alla ur folket kunde dessutom bli trubadurer oberoende av börd, klasstillhörighet eller social status, bara de hade vilja och talang. Såtillvida var trubadurkulturen en genuint folklig kultur så skapades på grundval av folkets främsta medlemmar. Genom sin popularitet och vida spridning blev trubadurerna en maktfaktor som värnade folkens intressen.

Detta var något som påvedömet i Rom inte kunde tolerera, en till sitt väsen nordisk (kelto-germansk) oberoende kristen och folklig högkultur med stort inflytande som verkade över hela Europa. Mot löften om lukrativa avtal så lyckades Rom dupera frankerna, för att använda dem som sitt svärd mot sina frihetliga grannar i syd. Det tjugoåriga albigenserkriget i början av 1200-talet blev framgångsrikt för påvedömet, "kättarna" krossades och Occitanien förfranskades och katolicerades under Paris och Rom. För trubadurkultur blev det ett hårt slag när Provence såsom kulturens urkälla krossades. Trubadurkulturen hade dock spridits bortom Provences gränser innan Roms angrepp och den kom att fortleva på annat håll.

I det germanska Norditalien fortlevde den provensalska kulturen och kom att få sitt främsta uttryck i den världsberömda poeten och författaren Dante Alighieri. Dantes huvudsakliga inspirationskälla fanns i den provensalska litteraturen och trubadurdiktningen. Han omfamnade trubadurernas fritänkeri i sitt politiska motstånd mot det överstatliga påvestyret och adelsväldet. Han kan definieras som en folklig populist som ville att folket skulle styra i Florens och ansåg att alla nationaliteter i Europa hade rätt till självständighet. Han var troende men ville inte att kyrkan skulle ägna sig åt någon världslig maktsträvan utan önskade istället se en kyrklig reformation där kyrkans fokus försköts till själasörjning, välgörenhet och undervisning.

Trubadurkulturen hade även spridits norrut till Frankrike, de brittiska öarna och Tyskland. I Tyskland fick den stort inflytande och kom till uttryck i Minnesänger som Walther von der Vogelweide, Wolfram von Eschenbach och Tannhäuser. Minnesången kom att leva kvar som en integrerad del i tysk kultur och för den lutaspelande reformatorn Martin Luther var den en stor inspirationskälla. Genom att tonsätta sina andliga sånger skrivna på folkspråket lade han grunden till den för protestantismen utmärkande församlingspsalmsången, vilken ersatte katolicismens ritualiserade latinska körer. Under nationalromantiken lyfte kompositören Richard Wagner upp den medeltida trubadur- och riddarkulturen som tyskt ideal i verk som Tannhäuser, Lohengrin och Parsifal. Inom den nationella Völkischrörelsen i slutet av 1800-talet och början av 1900-talet var minnesångarnas ballader ett populärt motiv för många vissångare. Till Sverige kom trubadurkulturen i början av medeltiden. Balladerna med sina slutrim kom att ersätta de fornnordiska versmåtten som varit i bruk hos de vikingatida skalderna. Lutan ersatte skaldernas harpor, lyror och horn. Trubadurkulturen kom sannolikt till Sverige via de talrika tyska handelsmännen i Hansan. Den introducerades först hos de högre stånden, men togs snart även upp av allmogen som inkorporerade musikaliska element från den inhemska folkmusiken i visorna. Tusentals svenska medeltida ballader finns nedtecknade och bevarade i form av historiska visor, naturmytiska visor, legendvisor, riddarvisor, kämpavisor och skämtvisor.

Vissången har fortlevt in i nutid och i mångt och mycket kommit att ses som en musikalisk manifestation av den svenska folksjälen. Vissångare som Carl Michael Bellman, Evert Taube och Cornelis Vreeswijk har ibland betecknats som nationalskalder. Den beteckningen är måhända inte så dum, för deras sånger har intagit en särskild plats i många svenskars hjärtan och sjungs vidare generation efter generation. Evert Taube är i detta sammanhang särskilt intressant, för han titulerade sig trubadur och anknöt med sin vissång medvetet till den historiska trubadurkulturen i Provence, samtidigt som han forskade om dess historia och gav den liv i den läsvärda boken Vallfart till Trubadurien och Toscana. Under vänstervågen på 1960- och 1970-talet försökte den internationella vänstern att appropriera den europeiska vissången. Det blev ett dubbeleggat svärd för vänstern, för samtidigt som de vann nya lyssnare för sina politiska idéer genom musiken, så ökade också intresset för denna musikgenre även bortom dess tillfälliga vänsterradikala uttrycksform och många yngre lyssnare upptäckte den äldre och mer folkliga vissången. I sinom tid kom även en politisk motreaktion och en nationell vistradition som återknöt till trubadurkulturens folkliga grund växte fram. Internationellt uppmärksammade vissångare från denna motkultur är exempelvis Frank Rennicke, Massimo Morsello och Carl Klang. Svenska representanter för denna genre finns i exempelvis Åke Bylund, Bruno Hansen och Henrik Pihlström.

Varje tid har gett den svenska vissången sin musikaliska dräkt, såtillvida har den alltid förnyats men ändå behållit sin grund med svenskspråkig lyrik tonsatt till luta eller gitarr, trots att den inkorporerat element från det rådande musikmodet och tidsandan. Till skillnad mot spelmansmusiken har vissången även på senare tid vunnit popularitet bland yngre lyssnarskaror, trots en hård konkurrens från det stora utbudet av allsköns modern musik. Vissången har sin största spridning i den kommersiella tappning som tillåts framföras i radio, tv och strömningstjänster. Artister med rötter i vissången – som Håkan Hellström, Sofia Karlsson och Lars Winnerbäck – tillhör till och med de populäraste nutida svenska artisterna. Dessa moderna vissångare har fått en folklig förankring till stor del för att deras texter brukar ha en för folkflertalet hög igenkänningsfaktor med vardagsrealistiska skildringar av till exempel kärlek, samhällsklimatet och en identifiering med lokalsamhället, men även med mörkare teman som förlorad vänskap, missbruk och det invecklade liv som artisternas eget ålderssegment generellt lever. De beskriver helt enkelt det verkliga livet osminkat, utan att vara tillrättalagt och med starkt fokus på de berättande texterna. Att visorna framförs på svenska och ibland också tolkar äldre vissångare och sålunda förvaltar visskatten stärker den folkliga förankringen än mer.

Vissångens folkliga orientering har sannolikt varit en avgörande faktor för att den aldrig vunnit något offentligt erkännande som varandes finkultur av sin samtid, trots dess traditionsrika historia och som levandegörare av vårt kulturarv. Redan Bellman kunde vittna om denna etablissemangets inställning; när stödet från den folkligt orienterade Gustaf III försvann i och med konungens frånfälle, övergavs han och tvingades till ett liv i armod. Även Taube fick vänta länge på något erkännande överhuvudtaget trots sin stora popularitet, och riktigt in i värmen kom han aldrig. Ställ detta i kontrast mot den främmande och degenererade jazzen, som genast lyftes upp och blev betraktad som finkultur av etablissemanget.

Trubadurkulturen handlar som synes om en i grunden alleuropeisk och rent folklig musikform, vilken tagit sig inhemska uttryck i de olika nationerna. På många håll har vissången blivit den folkkäraste musikformen hos de europeiska folken och kommit att representera deras folkkaraktärers musikalitet. Vissång är (jämte folkmusik) därför mycket betydelsefull för det nationella identitetsskapandet. I den tidlösa vissången finns en folklig kulturyttring som förvaltar en anrik historisk kontinuitet och som kan – om den används effektivt – få korrupta makthavare att skälva i sina elfenbenstorn. Behöver det tilläggas att den svenska oppositionen bör vitalisera denna kulturform?

EVA-MARIE OLSSON
9 januari 2019

Det är tydligt att vi aldrig kommer kunna samsas om mitt land

Grundidén som mångkulturalisterna förfäktar går ut på att mångkultur berikar. Den fungerar, menar de, eftersom man ger och tar. Så mycket för teorin. I praktiken händer något helt annat, vilket Svegots krönikör skriver om idag.

Det var så här. Jag var ny på jobb och som det är då man är ny på en arbetsplats känner man sig för. De flesta av oss svenskar rusar liksom inte på, utan man känner in. Ibland finner man direkt någon "lättpratad" som man kan prata om ditt och datt med, medan andra kollegor är mer tillknäppta och helst vill vara ifred, det är bara så det är.

En av de mer snacksaliga, i alla fall mot mig, var kvinnan från Libanon. I hennes värld ville hon säkert väl och lite då och då på raster pratade vi med varandra, hon ville ge mig en lättläst Koran. Ville jag då ha den, nej jag tackade å det bestämdaste nej, fast att det enligt henne i den stod om alla uppfinningar och upptäckter som kunde adresseras till islam. Jag var hårdnackad och principfast, nej tack! Kanske att det var min upptränade oblygsel och mitt medfödda ifrågasättande tillsammans med hennes lugna sätt som gjorde att vi civiliserat kunde samtala om kulturella skillnader mellan oss. Hon var inte den lättkränkta typen av muslim, utan mer av ett missionerande slag.

Från dag ett gjorde jag klart för henne att slöjan hon stramt bar om sitt huvud för mig och för många andra svenskar signalerar kvinnoförtryck och Islamsk uniform. Så var det sagt.

Jag minns tillbaka då denna händelse utspelade sig, det är nu 10 år sedan. På den tiden började det bli riktigt många muslimer i Malmö, de fanns liksom överallt. Folkfientliga politiska beslut satte bollen i rullning, från en tid då man slapp träffas till att staden liknade ett arabland gick fort och slag i slag.

De nya invånarna, utomeuropéer med islam som rättesnöre blev fler och fler på Rosengård, Holma, Kroksbäck, Bellevuegården, Lindängen, Hermodsdal, Gullviksborg, Augustenborg, Persborg osv. tills där var fullt, då kom "mångkulturen" närmre även där jag bodde.

På våra arbetsplatser fick vi nya kollegor, och så kom vi då fram till den dagen då vi delade upp oss. När den dagen kommer att det går att segregera och separera oss, då gör vi det. De arabisktalande muslimerna sitter vid sitt bord, medan svenskarna och thailändskorna väljer sina osv..

För att ni lättare ska förstå hur jag kan vara så säker på min sak i detta har sin förklaring i att jag har varit på många arbetsplatser runt om i Skåne då jag arbetat i eget företag med kontrakt gentemot både privata och kommunala kunder. Med insyn i vitt skilda arbetsmiljöer och arbetsplatser finns det otaliga stunder för diverse iakttagelser i bland annat hur vi naturligt och frivilligt segregerar oss och om vad vi anser om att vårt land förändras till oigenkännlighet.

Tillbaka till den libanesiska muhammedanskan, vi hade den där varma sommardagen passat på att gå ut på arbetsplatsens innergård, vi hade lunch. Det var riktigt varmt och jag föreslog att hon efter vår arbetstid kunde följa med mig för att bada på Ribban (Ribersborgsstranden). Nej det kunde hon inte, fast hon egentligen hade velat.

Kulturskillnader om hur vi ser på varandra, hur vi ser på män, kvinnor och barn skiljer sig väsensskilt åt, faktiskt som mellan natt och dag. Vi svenskar har sedan länge ett mer naturligt förhållningssätt gentemot varandra, men såklart finns det ett brett spektrum även hos oss om hur vi är. Som till exempel spannet vi har mellan den mer inbundna norrlänningen till den dryga skåningen. Ni förstår alldeles säkert poängen, men i det stora hela har svenska män och kvinnor sunda värderingar gentemot varandra.

Hur gick det då, varför kunde libanesiskan inte följa med mig och bada på Malmös helt fantastiska rekreationsområde och långa badstrand Ribersborgsstranden? Svaret är att stranden var ju inte delad, det rådde ingen segregation mellan män och kvinnor. Och det var då som hon berättade sin önskan och vision för mig, hon sa: "Jag tycker att stranden ska delas upp i två delar, en för män och en för kvinnor." Hur reagerar man på det, ställer till en scen eller tar ett djupt andetag och säger som det är? Jag sa: "Aldrig i livet, det kommer inte att hända". Det blev så tydligt att vi aldrig kommer att kunna samsas om mitt land. Hon och hennes fränder måste resa hem igen. Muhammedanskan stack en imaginär kniv i mitt Malmöhjärta och samtidigt kunde det inte bli tydligare, dom är här för att förändra.

Vi svenskar måste nu i elfte timman sluta tro att allt kommer att fungera om vi inget gör. Som många redan vet finns det i Sverige muslimskt politiskt parti som inför det allmänna valet 2022 står i startgroparna om att träda in och börja omdana vårt land genom riksdagsarbete samt om att även ta plats i våra kommuners politiska finrum. Och om inte det skulle räcka har vi som grädde på moset sedan många år de etablerade partiernas folkförrädiska arbete och vision om att radera och sudda ut oss svenskar. Många av oss vill väl och har sett "det" komma, men få har gjort eller gör något åt det.

Men, idag mitt i eländet kan vi även peka på politiska positiva tendenser runt om i vårt avlånga land. I några kommuner ser vi nu att till viss del tas det beslut för att om möjligt göra det en liten aning svårt för islams följare att trivas. Som till exempel kommunala beslut om förbud mot att småflickor i förskolor och skolor bär slöja eller heltäckande religiösa och ideologiska klädesplagg under skoltid. Det är bra.

Såklart reagerar muslimer negativt på för dem negativa politiska beslut. Det hör till sin natur att protestera när den egna gruppen blir utsatt för sådant som är till skada, precis som när svenska kyrkan gör allt vad de kan för att stärka sina egna positioner gentemot en fiendereligion, nej, så är det ju inte alls då svenska kyrkan "ligger" med fienden.

Positiva beslut för en del, är såklart per automatik negativt för andra då politik är att sätta grupp mot grupp. Ockupanterna med sin glödande tro, underkastelse och totala lydnad gentemot sina präster (imamer), ser sig nödgade att resa från Malmö och hjälpa sina brorsor i Skurups kommun. Tidningen Ystads Allehanda låter meddela att framför kommunhuset kommer det att bli protest mot taget islamförsvårande politiskt beslut, slöjorna SKA på!

Det finns faktabaserade redovisningar om hur ett övertagande av ett land går till, när de nya är få till antal beter de sig till en början lite försiktigt och gör inte mycket väsen av sig, man ligger lågt. Sen kommer den dag då gruppen vuxit till sig och blir då skrikig och krävande, vid sista fasen av ett totalt övertagande är de storleksmässigt starka och säkra på sin sak, man tar allt, med eller utan våld.

Det är verkligen hög tid att vi slutar att frivilligt ge bort vårt land och våra barns framtid. Vem vill bli ihågkommen som hon som inte kämpade för sitt folk? Exemplet med muhammedanskan som islamskt vill dela upp malmöstranden har jag berättat för många av mina landsmän och då för att i alla fall få någon att tänka till. Inte ter det sig som en trevlig framtid att efter kön dela upp familjen inför det där hägrande välbehövliga sommardoppet i sundet (Öresund), eller?

Men å andra sidan visar verkligheten på att vi "vant" oss vid separata badhustider, kanske även vant oss vid de frekventa sexuella övergreppen i de smutsiga maximalt klorerade bassängerna. Nej visst, vi har slutat att gå på de där skojiga äventyrsbaden, de är ju inte speciellt roliga längre.

Det finns så mycket att säga om den politiskt kuppade omdaningen av vårt land, det finns många berättelser. Vi svenskar är i gemen goda medborgare, vi vill väl och önskar inte i någon större grad "sticka ut". Det är verkligen dags att "sticka ut" det är dags att välja sida. Om föreningen "Unga muslimer" kommer till din gata för att något kränker dem, gå då dit och visa att du håller med ditt folk, att du kämpar för ett svenskt Sverige!

Sist men icke minst, vi har ett spännande år framför oss där var och en drar sitt strå till stacken för att fortsätta arbetet med att bygga upp föreningen för oss. Föreningen Det fria Sverige, av svenskar för svenskar. Det fria Sverige är en ideell och samhällsnyttig förening som står upp för lag och ordning, mot pöbelvälde och ofrihet. Föreningen står upp för individens frihet, under ansvar för den gemenskap som friheten är beroende av.

Väl mött.

MAGNUS SÖDERMAN
9 januari 2019

Måste lagen tagas i egna händer om Europas fiender annars kommer undan?

En tysk sjökapten som aktivt smugglat människor in i Europa slipper straff. Detta är bara ett i raden av exempel där Europas dödgrävare kommer undan. Om detta bara fortsätter, är det då rimligt att bara låta det passera? Eller måste lagen till sist tagas i egna händer?

Om vi hårdrar det hela så kan vi konstatera att all maktutövning till sist bygger på förmågan att bruka våld. Det finns många lager att skala av innan kärnan syns, men likafullt är våldet kärnan. Detta är ett maxim.

Vi har länge utvecklat våra samhällen – med "vi" menar jag väst – för att våldet ska vara den sista utvägen. Innan våldet används för att driva igenom den rådande viljeriktningen (vare sig det är i en liberal demokrati eller något annat) så ska andra metoder användas. Framförallt har vi också frångått rättsskipning där offer och förövare sköter det sinsemellan. Dvs. där offret (eller offrets närstående) helt sonika utdömer och bestraffar på egen hand.

Vi har polis, domstolar och lagstiftare. Denna ordning har vi föredragit eftersom det ger stabilitet i samhället – i alla fall fram tills nu. Om man hamnar i delo med grannen så vänder man sig till polisen, som i sin tur låter åklagaren (efter utredning) bestämma vad som sker därnäst. Sedan dömer domstolen enligt lagarna som lagstiftarna beslutat om och de prejudikat som högsta instans kommit fram till när så krävts. Domen som kommer ska sedan respekteras av alla parter och när straffet väl är avtjänat så är det hela överspelat och klart.

Detta har fungerat hyfsat bra får vi tillstå. Inget system är perfekt utom Guds rike men det verkar dröja, så vi får laga efter läge och göra vad vi kan. Det finns däremot vissa grundbultar som måste gälla för att ett dylikt system ska fungera tillfredställande. En sådan grundbult är att människorna som är underställda detta system är mer lika än olika. En annan grundbult är att det finns en allmän känsla av att allmännyttan ibland måste trumfa egennyttan (eftersom allmännyttan faktiskt kan vara avgörande för egennyttan).

I detta ingår så klart också att brott mot kollektivet (folket, nationen etc.) måste bestraffas hårdare än andra brott. Många upprörs över att skattebrott och liknande i många fall har högre straffvärde än brott mot individer. Grunden till det är dock att brott mot staten är ett brott mot folket – mot alla. Det är logiskt och rätt. Om någon sprider ut uppgifter om en privatperson eller ett företag som drabbar dem menligt så skall vederbörande så klart straffas. Men om någon lämnar ut information till främmande makt som skadar nationens försvar så är det landsförräderi och bör bestraffas med döden. Alltså är brott mot nationen (kollektivet) värre än brott mot enskilda personer.

Självfallet finns det alltid orättvisor och med jämna mellanrum så begås fel. Också i den bästa av världar med ett homogent nationellt Sverige i ryggen kommer så ske. Men det är inom ramen för en acceptabel felmarginal. Alternativet är annars var och en för sig själv (vilket till sist slutar med organisering av rättsväsende etc.).

Nu lever vi dock i en tid där saker och ting satts ur spel och alltfler börjar fråga sig när det är dags att helt och hållet vända systemet ryggen. Det finns nämligen en tid också för det.

Åter till kapten Claus-Peter Reisch. Han har ägnat sig åt att smuggla ”flykting-ar” över Medelhavet med fartyget Lifeline. Många ickestatliga organisationer var inblandade i denna människohandel och ganska länge fick de löpa fritt. Sedan tog Italiens dåvarande inrikesminister Matteo Salvini i med hårda nypor och människosmugglarna fick svårt att hitta hamnar att lägga till i.

Claus-Peter Reisch bekymrade sig inte om det utan lade till i Malta och lämnade av 234 illegala invandrare. Antagligen hade han då på sig sin t-tröja med budskapet ”människosmugglarkungen” och ”team folkutbyte” – han gillar att visa upp sig i sociala medier iklädd den. Men denna gång reagerade Malta och kaptenen dömdes till sist att betala 10 000 euro för att fartyget var felaktigt registrerat och saknade tillstånd att angöra hamnen i Malta.

Domen överklagades och nu har högre instans beslutat att kaptenen helt frikänns. Han hade inget ”brottsligt uppsåt” menar domstolen. Inte ens kaptenen själv trodde det verkar det som. Han kommenterade domen på Twitter så här: ”Wow, otroligt. Jag vann”. Ja, han vann och Europa – kollektivet – förlorade. Kan detta få fortgå? När är det legitimt att ta lagen i egna händer?

Frågan har ställts om och om igen under mänsklighetens historia och svaret är sällen enkelt. I efterhand kan man konstatera om det var rätt eller fel genom att se

om de som gjorde det vann eller inte. George Washington och USAs grundlags-
fäder tog lagen i egna händer genom att utropa en egen suverän nation. De gjorde
uppror mot England. De vann, därför är det idag frihetshjältar i USA. Hade de
förlorat så hade de varit terrorister, kuppmakare och upprorsmän. Den som vinner
skriver ju historien. En sanning med modifikation dock. Även om IS vunnit och fått
sitt kalifat så hade de inte setts som annat än terrorister av de flesta även om 1 000
år passerade.

Att ta lagen i egna händer; att vägra lyda överheten; att göra uppror – allt detta
följer varandra. Det ena leder gärna till det andra. Det som slutade med ett uppror
började med att lagen urholkades, andra aktörer tog över centralmaktens roll – som
försvagades än mer – för att till sist mynna ut i ett uppror.

Demokratin säger sig skydda sig mot detta genom att tillåta fria val, samt ha olika
medborgerliga friheter. Det är sant, så länge dessa respekteras fullt ut. Men demo-
kratin tillåter inte vad som helst och försvårar för krafter som i grunden vill omdana
samhället. Fram träder demokraturen och rätt som det är står det klart för folk att de
inte längre har någon skyldighet att låta regimen utöva sin makt. De inser också att
för att få rättvisa så måste de ta lagen i egna händer.

Kapten Reisch kommer undan ansvar. Han kan nu fritt fortsätta att smuggla
människor in i Europa. Människor som – vare sig de vill det eller ej – hotar oss på
olika sätt. På samma sätt ser vi dagligen hur svenska domstolar släpper ut (eller ger
straffrabatt) till hänsynslösa främlingar som å det grövsta förbrutit sig mot svensk-
ar. Vi ser också hur främlingar kommer undan med att utnyttja välfärdssystemen,
samtidigt som svenska fattigpensionärer ökar i antal.

Med detta i åtanke kan vi ställa oss frågan om vi har någon moralisk skyldighet
att underordna oss det svenska systemet? Jag säger nej. I samma ögonblick som
statsmakten inte längre sätter det egna folket främst så upphör folkets ansvar att un-
derställa sig. Oavsett om det handlar om en riksdag och regering eller en monark. I
samma ögonblick deras beslut är skadliga för folket så har vi rätten att byta ut dem.
Vill de inte bytas ut så har vi rätt att tvinga bort dem. Palme sa en gång att varje
folks befrielse måste vara deras egen, jag håller med.

När väl beslutet är fattat kommer flera följdfrågor. Framförallt om hur detta
utbyte ska gå till. Återigen handlar det i grund och botten om förmåga att bruka
våld. AB Sverige har våldsmonopolet i samhället och de gör allt de kan för att
upprätthålla det. En sund stat vill att medborgarna är såpass självständiga så att de
kan göra sig av med staten om den blir tyrannisk; ett tyranni vill ha en befolkning
som är svag och beroende av nämnda stat. Då kan de inte göra uppror. Svensken
vill gärna förändra genom reformer, inte genom uppror. Vi är ett tacksamt folk att
ha som undersåtar.

Men makten ska inte lura sig själv att tro att vi helt saknar själslig förmåga att ta saker och ting (lagen exempelvis) i egna händer. Vi har nämligen en gräns. Jag tror att denna gräns är farligt nära hos en betydande andel svenskar. Ju fler som döms för hets mot folkgrupp bara för att ha sagt det självklara, eller tvingas se hur mannen som våldtog dottern kommer undan, samtidigt som Försäkringskassan säger nej till ersättning och gamla mamma inte har råd med hyran, desto fler kommer kliva över gränsen och lämna den bakom sig.

Det betyder nödvändigtvis inte att de agerar utanför lagens råmärken själva, men de kommer inte bry sig nämnvärt om någon annan gör det. Tvärtom kanske de till och med känner att de gladeligen understödjer sådana (Robin Hood, Wilhelm Tell, William Wallace med flera). Ja, ibland går det så långt att kriminella som ger sig på "rätt" mål omhuldas av folket (Bonnie & Clyde och till viss del sådana som Pablo Escobar).

Hur framtiden ska gestalta sig är inte upp till oss. Vi – den nationella oppositionen – har inte den makten i våra händer. Den har bara regimen. Om de fortsätter på den inslagna vägen så smulas samhällskontraktet sönder. Då kommer folk finna nya sammanhang att ty sig till. Alternativet vore att känna av folkviljan, säkerställa en vittgående och omfattande yttrandefrihet och ett en mer jämbördig spelplan för alla. Ett är ju säkert. Vi kan inte bara sluta stå upp för Sverige och svenskarna, även om det till sist blir olagligt. Det finns mycket som AB Sverige och EU hade kunnat göra. Men de sitter i sina marmortorn och bryr sig inte ett dugg om de människor som borde vara deras främsta prioritet. De har valt globalism före nationalism. Draksådden kommer att skördas, också av dem. Det är sorgligt att det är den väg de väljer.till att staden liknade ett arabland gick fort och slag i slag.

KRISTOFFER HUGIN
10 januari 2019

Hugins spådomar för 20-talet

Några dagar in på 20-talet frågar man sig vad som är att vänta. Alla har vi våra egna förhoppningar och förväntningar. Kanske också oroskänslor. För att göra det enkelt för oss låter vi därför Kristoffer Hugin spå i tebladen åt oss om det nya decenniet.

Då har vi lagt 2010-talet och året 2019 bakom oss och påbörjat en ny period. Vad som kommer definiera 2020-talet vet vi först i efterhand, men jag har en del spådomar om vad vi kan se fram emot.

Jag skulle vilja säga att jag tror att samhället kommer utvecklas i rätt riktning. Jag vill verkligen det. Men har man koll på åt vilket håll olika samhällstendenser pekar så ter det sig inte särskilt sannolikt. Dock är det inget att frukta, om man inte är väldigt beroende av samhällets försorg förstås. Då kan det finnas större anledning till oro när samhällets resurser blir allt mer knappa.

Ekonomi och demografi

Ingen som följer nyheterna bör ha undgått den ekonomiska krisen i kommunerna och i landstingen. Om man inte är vänsterbliven så förstår man att detta är direkt relaterat till invandringen, något som medierna faktiskt vågat gå ut med under 2019. Eftersom inga tecken tyder på att regeringen tänker minska invandringen så lär vi få se ännu fler krisande kommuner under 20-talet. Resultatet kommer bli försämrade skolor och omsorg i vanlig ordning, eftersom man skär i kostnaderna först där människor klagar minst.

I samband med detta så fortsätter även folkutbytet med oförminskad takt. Jag tror inte etniska svenskar kommer bli i minoritet under 20-talet, men det ligger inte överdrivet långt fram. Jag vill påstå att denna fråga är otroligt viktig att få upp på agendan eftersom den är avgörande för vår framtid. Samma sak med återvandring som är tätt relaterad. Men även om vi måste arbeta för att få in dessa frågor i folks medvetanden så bör vi inte slita vårt hår även om vi inte når fram – vi fortsätter att bygga något eget under tiden.

Även relaterat till ovanstående är familjefrågan. Svenskarna, och egentligen de flesta europeiska folken, föder för få barn. Vår regering gör sitt bästa för att slå en kil mellan könen och de lyckas tyvärr ganska bra. Jag ser ännu inga tecken på att detta kommer vända under 20-talet så sannolikt kommer detta fortsätta. Därför är det även viktigt att var och en av oss gör vad vi kan för att förbättra vår egen situation. Har du likt mig ännu inte en partner och familj – gör dig själv giftasduglig! Vi kan inte få varenda svensk att börja prioritera familjebildning men vi kan själva se till att vi når dit. Det är trots allt våra barn som är vår framtid.

Positiv polarisering

Såväl i USA som i Sverige så skriver man om den ökande polariseringen i samhället. Jag vill påstå att denna polarisering är skapad av de vänsterblivna själva – genom sin ständiga demonisering av människor med sunda värderingar. Hade dessa inte existerat så hade vi sannolikt haft en starkare nationell sammanhållning idag. Ett land, ett folk, en framtid. Nu har vi i stället motsatsen – ett etniskt fragmenterat, mångkulturellt och ideologiskt polariserat samhälle.

I tider som dessa ser jag dock polariseringen som positiv eftersom människor tvingas välja sida. Vill de leva i ett mångkulturellt samhälle med ökande kriminalitet och sämre välfärd eller vill de leva i ett tryggt och "tråkigt" men harmoniskt land?

De vänsterblivna kommer dock inte vika en tum från den inslagna vägen. De kommer i stället dra åt tumskruvarna ännu mer mot människor som gör motstånd, såväl på nationell som på global nivå. Detta kommer tvinga fram nya strategier, taktiker och vägar framåt för den nationella oppositionen. En förhoppning är att det leder till fler möten utanför internet, eftersom det är i det fysiska mötet som det sker saker på allvar. Vänskapsband knyts i kontrast till enkla konversationer på en skärm.

Uppvak från clownvärden

I samband med detta kommer vi sannolikt få se en ännu större tillströmning av nyvakna människor som upptäckt att de lever i clownvärlden. De som varit med i den nationella oppositionen länge har vittnat om att den aldrig har varit större än nu. Man vittnar även om att nivån på folk som ansluter sig också är högre än någonsin. Detta kommer sannolikt att öka eftersom ju fler "vanliga" människor som vaknar upp, desto fler kommer ansluta från den stora mittfåran.

En förhoppning är även att fler börjar bejaka sitt arv och sin identitet. Det är inte helt osannolikt – när andelen främlingar blir fler och fler och samhället anpassas efter dessa så växer behovet av något familjärt. De hyperindividualistiska svenskarna kommer förhoppningsvis upptäcka sig själva när det blir allt svårare att undkomma mångfalden. Om inte annat så kommer budskapet från Det Fria Sverige och den nationella oppositionen genom sin existens visa att det finns något bättre. Något genuint och upplyftande.

Så sammanfattningsvis, mina spådomar för det nya decenniet är ungefär hur jag betraktar mitt eget liv; det kommer bli allt bättre inom det personliga men sämre inom det samhälleliga. Så mitt råd till alla läsare och fritt tänkande människor är att hoppas på sol men förtöja för storm. Vi har sannolikt knappt sett början ännu. Men en tröstande tanke är, vilken även kan användas retoriskt, är att vi vet hur det började i 30-talets Tyskland. Det började med 20-talet...

JALLE HORN
10 januari 2019

Litterär kanon på tapeten – vi hoppas att den dröjer

Självklart ska Sverige ha en litterär kanon i skolan och det är positivt att en sådan nu efterfrågas. Men för att den ska bli bra och rätt så måste utgångspunkten vara den rätta. Risken är överhängande att så inte blir fallet om man tar fram den nu.

En SvD-skribent anser att det är dags för en svensk litterär kanon i skolvärlden, d.v.s. ett urval av verk och författare som det anstår varje svensk att på något sätt bekanta sig med. Det har hon rätt i, men hennes analys är något fel. Behovet av en kulturkanon grundar sig på att en sådan kanon är en grundbult i själva nationen.

För snart tre månader sedan dog den amerikanske litteraturvetaren Harold Bloom. Särskilt under senare delen av sitt liv var han känd för att företräda behovet av en kanon av litterära författarskap. Eftersom han var amerikan ägnade han sig förstås åt västerländsk litteratur, i synnerhet engelskspråkig.

Tanken kom till uttryck framför allt i boken The Western Canon, Västerlandets kanon, från 1994. Där fick anglosaxiska författare lite väl förmånligt utrymme, kan man tycka, åtminstone i den kanonlista som finns i slutet av den engelska utgåvan (den saknas i den svenska översättningen). Det kan man förlåta med tanke på innehållet i stort.

I boken går han nämligen dels igenom några kanoniska författarskap alltsedan Dante, främst vad som utmärker dem och varför de hör till en sådan kanon, dels vari behovet av kanon består. En viktig del av Blooms kanontanke utgörs av en kritik av nya teoretiska skolbildningar vilka har det gemensamt att de avfärdar kanon eller vill göra om den i grunden: nyhistoricism, postkolonialism, feminism m.m. Han kallar det ibland för fransk teori (emellanåt också anglo-germansk teori) eftersom sådana akademiker hämtar inspiration från franska filosofer som Foucault, Derrida m.fl. Bloom kallar dem också lämpligt nog för "school of resentment" eller som den svenska översättningen fyndigt lyder: "förtrytelsens skola".

Dessa akademiker avfärdar kanon p.g.a. idén att en Toni Morrison minsann är lika bra som en Shakespeare eller Goethe. Eller snarare att det inte är litterär kvalitet som är avgörande utan ideologi, raslig tillhörighet (förtrytelsens skola berömmer förstås hellre färgade framför vita författare) o.d. som avgör om ett verk ska berömmas.

Enligt Bloom har författare i alla tider påverkats av varandra och framföra allt tävlat med varandra, d.v.s. velat överträffa en föregående storhet. Inspirationen och tävlan (tillsammans med talang och färdighet förstås) har skapat ett flöde av litterär storhet genom tiderna, och det är det flödet som med tiden har etablerat en kanon av litterär kvalitet. Den finns där vare sig vill eller inte, och det är inte särskilt svårt att med största självklarhet dra fram tjugo västerländska författarnamn (sedan Dante i Blooms fall fram till år 1900) som står rätt klart i centrum: Dante, Petrarca, Tasso, Shakespeare, Cervantes, Milton, Calderón, Racine, Molière, Goethe, Schiller, Austen, Balzac, Dickens, Flaubert, Baudelaire, Tolstoj, Dostojevskij, Ibsen, Strindberg. Sedan kan man byta ut en och annan; Strindberg är t.ex. med för att jag är svensk. Och med tiden ändras urvalet lite.

De akademiker m.fl. som avfärdar en relativt klar kanon struntar i litterär kvalitet, eller så behärskar de det inte. Med Blooms ord älskar de inte läsning och förkovran. Men de är också ahistoriska. De tror att varje författare kan skapa ur intet, som en annan judisk-kristen gud. Det blir slutsatsen om inte författare påverkas och tävlar. Därmed blir också kvalitetsfrågan meningslös. Camilla Läckberg och Gustave Flaubert är i princip lika bra. Ja, Läckberg trumfar väl Flaubert (som i Madame Bovary skrev några meningar under dagen och putsade dem på kvällen) eftersom hon har så fina moraliska pekpinnar. Men ingen författare skriver i ett tomrum, och det finns onekligen bättre och sämre författare, inte som en rent objektiv mall förstås, utan genom tidens utgallring, författares tävlan m.m. Alla dugliga läsare förstår det kvalitativa i stora drag. Fast förtrytelsens skola vägrar eller har för liten litterär förmåga.

Kanondebatten har gått varm genom alla tider. Och alltid varit igång. Skälet till att vi har just de 31 antika grekiska tragedier bevarade som idag finns istället för alla (kanske tusentals) som skrevs är p.g.a. det kanonarbete som gjordes i det bysantinska riket i tusen år. Där bevarades de erkänt sju bästa tragedierna av de tre största tragöderna. Resten försvann med tiden. Sedan hittades av en slump för ca hundra år sedan ytterligare tio tragedier av Euripides i en kruka i Egyptens ökensand.

I Sverige har kanondebatten varit en särdeles svår nöt efter andra världskriget. De progressiva, antinationalistiska krafterna har varit mycket starka i vårt land, varför en etablerad kanon för skolans värld inte har kommit till stånd, annat än i praktiken, d.v.s. de läroböcker och antologier som faktiskt finns. De mest högljudda krafterna har varit skeptiska till en litterär kanon eftersom en kanon nödvändigtvis utgår från det egna, den egna kulturen och sedan utökat som ringar på vattnet – i fallet Sverige: Sverige, Norden, Europa, Västerlandet, världen.

Skälet till den utgångspunkten är enkel; vad har svenska författare och läsare läst genom tiderna? Jo, svensk, nordisk, västerländsk litteratur. Först långt senare har vi bekantat oss med persisk, japansk eller afrikansk litteratur. Hur många översättningar finns det av Homeros, Dante, Shakespeare m.fl. och hur många av Tusen och en natt, Kalidasa eller Li Bai? Många i det första fallet, mycket få i det andra fallet. Det hela blir klarare om vi tänker oss en historisk kanon. Varför studerar vi inte koreansk historia i Sverige från och med första klass? Nej, just det, vi studerar svensk historia, vad annars.

Sedan ca 20 år har danskarna en lagstadgad kulturell kanon (även måleri m.m.) för skolbruk, och i de flesta europeiska länder är den nationella kanon helt självklar genom t.ex. skolplaner och litteraturlistor. Men i Sverige har tongångarna varit kritiska mot någon kanon i och med att det gamla, både den gamla borgarbildningen och den nationalistiska bildningen, skulle rivas och bytas ut mot modernare saker.

Nu försöker dock SvD-skribenten Josefin Holmström starta debatten på nytt till kanons favör efter att S-politikern Aida Hadžialić i DN visat sig positiv till en litterär kanon i skolan. Eftersom det handlar om Det nya Sverige är tidningsartiklarna i frågan rätt tokiga, så man får ta det med en stor nypa salt.

Holmström hänvisar till en invandrarskribent på tidskriften Glänta som menar att de som inte har med sig kunskap hemifrån om Strindberg, Martinson m.fl. – en klass- och invandrarfråga enligt vänsterperspektivet – har nackdelar när det kommer till kulturellt kapital. Därför skapar den bildade medelklassen i Sverige, just de som motsätter sig upprättandet av en allmän kanon, orättvisor i samhället genom ett sådant motstånd.

Holmström resonerar på liknande sätt när hon menar att det nödvändigtvis finns ett ramverk för varje gemenskap, i det här fallet landet Sverige, annars är det ingen gemenskap. Rädsla för nationalism blir bara dumt då. Gemenskapens ramverk måste istället erkännas som sann och synliggöras. Annars kommer människor genom osynliga väggar att uteslutas från diverse sammanhang.

Holmström och hennes kollegors ställningstagande är välkomna. Självklart ska en kulturell kanon på något sätt uttryckas och vara en väsentlig del av svenskars skolgång. Det anstår varje nationalstat. Och Sverige är, hur mycket Annie Lööf och andra gastar gastar, en nationalstat. Holmströms resonemang vilar dock på vänsteridén om samhällsorättvisor som bör undvikas.

Det är ett farligt argument. Frågan är om det inte är just det argumentet som har gjort kanonidén till hysch-hysch i Sverige. Mest rättvist blir det väl om man utelämnar alla gamla författare – de är ju svåra, tycker vissa – och att sätta vissa författare framför andra är ju också orättvist.

Men kanon handlar inte om rättvisa, annan än tidens gång – en högre rättvisa – som låter några överleva och andra glömmas bort. Klassperspektivet är förlegat och inget som ska ligga till grund för nationalismen (även om rättvisor mellan nationens grupper givetvis måste främjas). Istället är grunden den retoriska frågan ovan om koreansk historia. Hur ska jag förstå något i världen om jag inte förstår mig själv? Hur ska jag förstå en främmande text eller främmande kulturella uttryck om jag inte förstår min egen kultur? Kanon handlar om att förstå sig själv, det som är bildningens grund.

En kultur, ett land, en grupp måste förstå sig själv, måste studera och ägna sig åt sig själv för att leva vidare, annars dör den. Den kommer att förlora livskraften. Eller så omvandlas den till något annat, ungefär som många Amerikaemigranter. Man kan koka ner det ännu mer: jag ägnar mig förstås åt min egen familj till vardags, inte grannens familj. Likadant är det med kulturen; det är helt självklart att svenskar i allmänhet studerar svensk kultur som en första grund, vad annars ska de göra. Kanon tillhandahåller nämligen minnet över vilka vi är. På ett sätt är kulturkanon själva nationen i det att den tillhandahåller oss traditionen, nationens väsen.

När det gäller kanons innehåll finns det något djupt mänskligt i att välja det kvalitativa, precis som sker när tiden gallrar bort det som är medelmåttigt. När vi tittar på fotboll ser vi helst dem som är bättre än andra, inte dussinlirarna. Visst går vi och tittar på kvartersmatchen eftersom vi bryr oss om våra egna, och givetvis kollar vi extra mycket in den egna sonen i pojkmatchen, men det minnesvärda är när individer och ett lag höjer sig och utmärker sig och är ovanligt bra.

Samma sak i historieämnet. I historien studerar vi de utmärkande, avgörande händelserna. Sedan kan man fylla på med folks vardagsbestyr. Men sådant förlorar sin glöd om det inte sätts in i större sammanhang. Och i litteraturen studerar vi förstås de stora förfäderna, de som utmärkt sig genom kvalitet, genom att ha träffat sin tid bäst, genom att ha fångat folkets känsla o.s.v. Det måste man tänka på i vår tid. Om en kommission skulle skapa en kulturkanon för skolan måste det ställas sådana krav på den. Annars finns stor risk för en fullständigt urvattnad kanon som det politiskt korrekta etablissemanget – Sveriges förtrytelsens skola – skulle skapa. De har ju sådan makt i vår tid inom institutionerna, det offentliga samtalet, åsikterna m.m.

Med tanke på att det ändå börjar synas tendenser för en nedgång för PK-makten finns det nog ett visst sug hos dem att skapa en sådan PK-kanon med varannan damernas, fokus på invandrarelement, antinationalism etc. Därför kan slutsatsen nog vara att det är bäst att vänta lite med en kanon för skolvärlden.

JALLE HORN
11 januari 2019

Instruktion om du får oväntat besök av norrmän på uteplatsen

Vad gör man egentligen när man hittar två vilsna norrmän på sin uteplats uppe i fjällen? Johan Svensson vet precis vad man bör göra. Man är givetvis, som alltid, gästvänlig. Om de sedan önskar sig ett spa-besök ställer man givetvis upp. Johan ger även er singlar där ute ett nästan garanterat sätt att träffa trevliga kvinnor.

Det hade varit en härlig dag i de jämtländska fjällen. Min kära fästmö och jag bodde på ett trevligt hotell mitt i backen och hade precis kommit tillbaka efter att liftarna stängt för dagen. K hade gått in i duschen och själv gick jag omkring på rummet i mitt underställ i och mådde förträffligt med en flaska öl i handen. Uppe i hotellbaren var det fullt ös med liveband på after skin men nere där vi bodde var det lugnt och skönt. Skogen var närmaste granne med en brant avsats den korta biten ner till skogsranden och vi hade en strålande utsikt över fjällen.

Efter en hel dag på skidor är man bra mör i kroppen och det är skönt att komma tillbaka till hotellet och få av pjäxor och skidkläder. Höjden, motionen och all frisk luft gör att man är behagligt dåsig när man kommer in i värmen igen. Jag låg på sängen och mediterade över denna stillhet och lugn när det hördes ett rejält BRAK! från vårt rums uteplats. Jag satte mig kapprak upp i sängen och gick med nyfikenhet fram till balkongdörren.

På uteplatsen satt en man i kulört skidställ i en av våra trästolar. Eller satt och satt; han liksom låg i framstupa sidoläge över en stol, med stavar i händerna och skidor på fötterna. Om jag såg förvånad ut måste han ha sett än mer förvånad ut där han tittade upp mot mig. Strax bakom honom, intill branten ner mot skogen, stod en till man, även han skidutrustad och iförd ett kulört skidställ. Eftersom jag har fått en traditionell uppfostran bestämde jag mig för att försöka med ett i sociala sammanhang säkert kort:

– Hej?

De två uppenbarelserna utanför vårt hotellrum såg något förlägna ut. Mannen i (över?) stolen hade dock uppenbarligen fått en traditionell uppfostran även han och genmälde:

– Hei!

Tystnad.

– Det gick jo ikke så greit dette, sa stolmannen.

– Nei, ni må ha kommit på villovägar, svarade jag och försökte ställa om till norska så gott det gick.

– Vi er på veg nedfor till byen men kom litt feil. Vi må pröve att komme runt hotellet men…

– Det gick ikke så greit?, föreslog jag.

– Akkurat, svarade stolmannens vän lakoniskt där han stod.

En fundersam tystnad uppstod. Stolmannen låg kvar. Månne låg han rätt bekvämt ändå? Men så här kunde vi inte ha det. När man får oväntat besök behöver man bjuda på något. Det står i både Gevalia och Havamal.

– Vill dere ha en öl?, frågade jag.

-Ja tack!, svarade stolmannen lättat.

-Det höres jo lemplig, instämde hans vän fundersamt med en brummande basstämma.

Mina nya vänner tog av sig skidorna och kom in och tog i hand. Trond (stolmannen) och Jonas (basisten) hette de två kulörta herrarna som visade sig komma från Oslo. Jag borde ha förstått detta. Det var ju svindyra Norrøna-ställ de hade på sig. Vi slog oss ner på sängen och i en stol och började dricka öl. Även om de inte var så duktiga på att hitta rätt var de desto bättre på att hinka bier och berättade att de bodde på ett av de större hotellen nere i byn. Detta var deras första dag på orten och de hade tagit till vänster om vårt hotell istället för backen till höger och plötsligt befunnit sig på avsatsen mellan hotellet och skogen med föga möjlighet att bromsa när Trond upptäckte våra utemöbler.

– Älskling, pratar du med någon?, frågade K inifrån badrummet.

– Vi har besök hjärtat, svarade jag.

Dörren öppnades och ett handduksklätt huvud stack ut. K stirrade på våra gäster.

– Det här är Trond och Jonas, förklarade jag.

– Hei!, sa Trond. Jonas vinkade.

K stirrade på dem.

– Javel ja, sa hon sedan, velkommen.

K har arbetat i Norge och finner sig snabbt i de flesta dumheter jag hittar på. Hon är en hårt prövad kvinna.

Vi drack mer öl och satte igång stereon. K kom ut och vi öppnade en flaska bubbel åt henne. Jag gjorde bedömningen att det kunde behövas för att kompensera för denna spontana panskandinaviska bjudning jag ställt till med. Jag demonstrerade för våra nyfunna norska bekantskaper hur man sabrerar en flaska mousserande vin med en skida; ett partytrick jag lärde mig för många år sedan under en särdeles lyckad kväll i Kittelfjäll. Trond blev så över måttan stormförtjust i detta öppnings-förfarande att vi gav honom en egen flaska att sabrera. Det gick strålande och vips hade vi två flaskor som behövde drickas ur. Nu började vår spontana lilla after ski ta fart på allvar.

– Man ville jo ha en hot tub nå, brummade Jonas nöjt där han låg på sängen med ett glas mousserande i ena handen och en flaska öl i den andra.

– Bare rolig, sa jag käckt på en norska som bara blev bättre och bättre, det finns här på hotellet vores.

Men hur smuggla med två rödkindade norrmän till hotellets spa-avdelning som var reserverad för de som bodde på hotellet? Här skyller jag helt på hotellpersonalens slapphet och alkoholens inverkan på undertecknad i höghöjdsmiljö. Jag hade lagt märke till att personalen brukade lämna dörren vidöppen till linneförrådet som låg längst ner i vår korridor.

Vilt fnissandes öppnade vi dörren till vårt rum och jag och våra gäster smög ner för korridoren som tre indianer som fått lite väl mycket eldvatten innanför västen, hyssjandes varandra i säkert 70 dB. Inte för att det hördes. After ski-bandet i hotell-baren våningen ovanför var mitt uppe i ”Sweet Home Alabama” och vi hade kunnat stampa ner för korridoren vrålandes på ”Rövarna i Kamomilla stad” och ingen hade lagt märke till det. Vårt inbrott gav vad vi hoppades: var sin uppsättning av hotellets badrockar och flipflops åt våra gäster. Seger!

Tillbaka på rummet skålade vi jublande och bytte om. K avböjde att följa med utan bestämde sig för att stanna på rummet och göra sig redo för vår middag i hotellrestaurangen.

– Du får lova att vara tillbaka om en timme, sa K bestämt.

– Älskling, svarade jag med överdriven förbindlighet, du kan lita på mig.

K slöt ögonen och mumlade något om milde himmel.

Vi bytte så om och marscherade ner för hotellkorridoren med så mycket värdighet man kan uppbringa i badrock och flipflops. Precis innan vi kom fram till hissen rantade en tjock boomertant ner för trappan från hotellbaren och mötte oss i korridoren. Hon betraktade oss uppifrån och ner som att hon aldrig tidigare sett tre rödrosiga friska ynglingar i badrockar i en hotellkorridor.

– Jaha, ska ni till spa:et pojkar?, frågade hon på en i det närmaste parodiskt bred stockholmska.

Frågan kan tyckas något överflödig när man möter tre män i vår utstyrsel. Näppeligen skulle vi ut på skogsinventering. Men se detta är det farliga med en tilltagande berusning. Man blir inte alls medgörlig.

– Nä, svarade jag bestämt, vi ska på after ski och svängde så höger upp för trappan, vilt klampandes i mina flip flops.

– Ja de er jo moro! utropade Trond och följde efter med Jonas hack i häl förbi den gapande boomertjockisen.

Vår entré på after skin orsakade en viss munterhet bland alla skidklädda människor när vi trängde oss fram till baren. Barpersonalen tog det rätt väl och ignorerade, säkerligen i konstens namn, Alkohollagen som strängt dikterar att man inte får servera alkohol till berusade individer. Det är inte så dumt att gå på hotellbar i badrock. Jag kan rekommendera det. Plånbok behöver du inte ha med, det är bara att sätta notan på rummet. Det är bekvämt och ger ett i det närmaste dekadent elegant intryck. Som en rökrock fast utan tobaken. Bandet var mäkta imponerade och gav oss en shout out från scenen och vi höjde våra glas i hälsning och ledde publiken i refrängsången till Ulf Lundells "Oh la la jag vill ha dig".

Det var vansinnigt trevligt och folk tog selfies med oss och bjöd på öl. Hade vi inte varit tre män med ringar på fingrarna så hade vi haft fullt sjå att välja bland damerna. Lär er av detta, ni män som säger att det inte finns några kvinnor där ute. Ta på er en badrock och gå ut på krogen. Jag garanterar succé (reklamationer mailas till kontakt@svegot.se).

Jag vet inte exakt hur länge vi var på after skin men att döma av K:s blick när hon hittade mig i vimlet så hade betydligt mer än en timme passerat. Men vem har egentligen klocka på sig när man går på spa?

JOHAN SVENSSON
13 januari 2019

Oden är en luffare när Göteborgsoperan framför Valkyrian

Svegots krönikör Johan Svensson är en kulturälskare av rang. Förra året blev han besviken av uppsättningen av Rhenguldet på Göteborgsoperan. I år var det så dags för Valkyrian. Frågan är om utfallet blev bättre denna gång?

Ännu ett år, ännu en Wagnerföreställning. I år är det Valkyrian som framförs på Göteborgsoperan. Efter förra året (jag rekommenderar varmt att ni läser förra årets recension av Rhenguldet innan ni läser vidare för att få ut mer av den här recensionen) kan man ju tänka sig att jag och min fru skulle hålla oss hemma, men icke sa Nicke. Vi har Wagner-abonnemang och kommer att gå på alla fyra föreställningarna i Nibelungens ring-tetralogin över dessa fyra år.

Eller som farfar alltid sa: "Har man tagit fan i båten får man ro honom i land".

Jag hade försökt peppa mig själv i flera veckor i förväg. Tänka positivt, fokusera på musiken, låta mig svepas med av berättelsen, und so weiter. Men så sjunker vi ner i våra säten och jag känner hur luften går ur mig med en gång. De där urbota jädra vaktmästarna är tillbaka. De strosar omkring på den torftiga scenen i sina overaller och småpratar med varandra medan publiken strömmar in. Nycirkusen startar således med en gång. Det är alltså "spännande nytolkning", "hållbart" och "samtida" som vankas i år igen. Föreställningen har inte ens börjat och jag känner redan hur mitt reaktionära hjärta arbetar upp blodtrycket till häpnadsväckande nivåer medan jag krampaktigt greppar om stolens armstöd och biter ihop. På Göteborgsoperan kan ingen höra dig skrika.

Valkyrian är egentligen en fantastisk opera. Det är en berättelse om hårresande förbjuden kärlek och frågor om ansvar och lojalitet. Brünhilde är en av Odens nio valkyriedöttrar. Hon är hans favorit och lyder blint sin far. Men så en dag bestämmer hon sig i stridens hetta och av egen övertygelse för att gå emot sin fars vilja och

Oden blir rasande. Oden är inte bara visdomens och skrivkonstens gud, han är även det blinda raseriets gud och det framkommer med all önskvärd tydlighet i denna berättelse när han hämnas på sin dotter. Wotan, id est furor.

Så sänks belysningen, orkestern stämmer upp, föreställningen börjar och ja jösses allting känns dessvärre bedrövligt bekant från förra årets estetiska haveri.

Den första person vi möter är Oden och han ser tyvärr ut som vi minns honom från Rhenguldet. Illa sittande kläder, någon form av lapp för ena ögat och glittrande silverhandskar. Så som ljuset faller på honom i början förväntar jag mig att han bara POW! ska brista ut i Michael Jacksons Beat it och moonwalka över hela scenen samtidigt som de andra skådespelarna börjar dansa koreograferat. "They told him don't you ever come around here / Don't wanna see your face you better disappear / The fire's in their eyes and their words are really clear / So beat it, just beat it". Aow! Detta sker dessbättre inte. Men allt känns möjligt i detta Alison Chittys Asgård. Jag kan dock redan nu konstatera att kostymen även i år lämnar en hel del i övrigt att önska för att uttrycka det milt.

Sedan introduceras huvudpersonen. Oden sitter hemma i Valhall och bantzar med sin favoritdotter, valkyrian Brünhilde. Men scenen är så långt från ett gudapalats man kan komma. Belysning och scenografi ger en scen som är så spartanskt färglöst och intetsägande att det snarare liknar en Roy Andersson-film med pappa Oden som sitter hemma vid köksbordet och teaterpratar med sin tonårsdotter. Detta ska föreställa Valhall. Gudarnas boning ska väl vara karmosinröd, kungligt blå och gyllene; inredd med de finaste träslag? Om man bortser från sången känns det som att en ketchupreklam skulle kunna bryta ut när som helst.

Så här fortsätter det. Scenografin är så avskalad och steril och ekologiskt hållbar att man som besökare får spänna sin fantasi till bristningsgränsen för att leva sig in i berättelsen, ty du har absolut ingen hjälp av miljöerna och kläderna. Bitvis blir det rena rama slapsticken. Det är svårt att ta valkyriorna på något större allvar när Alison Chitty väl är färdig med dem. Kära läsare, vad tänker du när jag säger ordet valkyria? En vacker kvinna? Värdig och imponerande? Klädd i rustning och ridande på en smäcker häst? Sluta upp med de där hopplöst förlegade fantasierna med en gång! Det är faktiskt 2019. Här snackar vi brudar i gråa rockar av modell "Finsk Blottare Sommaren 1984". Vad sägs om MC-kängor till det? Jomen självklart. Men värst av allt – och detta kan faktiskt ta någon form av Chitty-pris – är att valkyriorna är kravallutrustade. Jag skämtar inte. De har alltså plastsköldar och polishjälmar med visir. Köa cirka 5000 memer på temat platsköldsnationalism.

När du inte tror att det kan bli värre går Göteborgsoperan all in och vaktmästarna, med overaller och allt, får agera valkyriornas majestätiska springare. De får tömmar kastade över sig och galopperar iväg med kravallpoliserna i släptåg. Det är så surrealistiskt cirkusaktigt att jag faktiskt skrattar högt. Fast det är ett bittert skratt. Vaktmästarhästarna månar om att hålla sig i karaktär. När valkyriorna stiger av och sätter sina springare i en spilta medan föreställningen fortsätter står de där och rör sig som hästar; stampar med hovarna, knuffar varandra och rycker med huvudena. Är det komedi? Är det allvar? Är det Wagner eller Cirkus Scott? Jag vet inte längre. Är jag vaken eller är det en ond dröm?

Jag måste dröja lite grann vid en av de viktigaste karaktärerna i pjäsen, nämligen Oden. Som Allfader ska han vara vördnadsbjudande och kejserlig. Men i sina illa sittande kläder, för långa byxor och torftiga lågskor ser han ärligt talat ut som en luffare. Visst kan Oden i myterna vara en landstrykare när det passar hans syften, men här ska han framträda som gudarnas konung. Hela hans uppsyn är så långt ifrån kunglig man kan komma. Ett helt kapitel skulle gå att ägna åt Odens spjut Gungner. Gungner, tillverkat av Ivaldesönerna i Svartalfheim, försett med mystiska runor ristade av Oden själv. I Rhenguldet var spjutet i det närmaste en accessoar att använda vid speciella tillfällen men i Valkyrian släpar han omkring på det i nästan varenda scen, vilket är varför jag inte kan undvika att nämna det. Spjutfrågan måste lyftas. Spjutet är nämligen inte ett spjut. Det är en trädgren. En lång, otymplig träd-gren med kvistar. Det ser alltså ut som att Oden tomtat ut i skogen och knallat hem med första bästa sly han hittat. Göteborgsoperans luffar-Oden hade kunnat resa sig något med ett spjut i händerna men det blir löjeväckande med en vuxen karl som släpar omkring på en pinne likt ett barn som leker krig. Hur är det ens möjligt? Fanns det ingen på Göteborgsoperan med civilkurage som kunde säga stopp nu räcker det? För att citera Joakim Lamotte, som vi alla ser upp till och respekterar: "Det är inte värdigt"! Det som är förvånande är att jag blir förvånad.

Temat som Valkyrian har i Göteborgsoperans regi 2019 är FRIHET kontra LA-GEN. Varför versalerna undrar ni? Jo för att vi plebejer som går på opera inte ska missa temat så skrivs det i gigantiska bokstäver av de där förbannade vaktmästarna på scenografins allestädes närvarande ekologiskt hållbara spånplattor. Jag är förvå-nad över att de inte skrev APPLÅDER när föreställningen slutade. Sedan håller jag heller inte med. Jag tycker att temat är lojalitet. Frigga kräver lojalitet av sin make Oden. Oden kräver lojalitet av sin dotter Brünhilde. Hunding kräver lojalitet av sin hustru Sieglinde. Hela tiden ser vi lojaliteter som prövas, hålls och bryts.

Berättelsen är trots allt bra. Den är mer omedelbart medryckande än Rhenguldet och det är bra tryck i handlingen. De fem timmarna (!) flyger ärligt talat förbi. Sångarna hanterar sin uppgift väl och min favorit för kvällen är krigaren Hunding som har en otrolig basröst som tycks fylla hela operan. Även Brünhilde briljerar men tyvärr står sig Oden slätt mot dem. Kanske hade han en dålig kväll men han blev konstant lämnad i de andra sångarnas bakvatten. Eller så blev han helt enkelt uttröttad av att släpa omkring på ett träd hela föreställningen. Handlingen slutar med en otrolig cliffhanger och vi får redan nu antytt för oss att nästa del i Nibelung-ens ring kommer att handla om Siegfried – barnet som Sieglinde bär under sitt hjärta när hon flyr i slutet.

När ridån går upp och vi applåderat färdigt och pustar ut tänker jag även i år: vad mycket bättre det hade kunnat vara. Tänk hur fantastiskt det hade varit med en bombastisk och överdådig scenografi och klädsel som matchar musikens rikedom och berättelsens fantastiska styrka. Tänk att få se dessa sångare göra sina livs roller i en sådan miljö. Tänk om Göteborgsoperan hade haft modet och integriteten att sätta upp en traditionell Wagner istället. Tänk om vi hade kunnat få en Wagner utan kulturmarxism. Tänk om.

Glöm aldrig vad de tog ifrån dig.

EVA-MARIE OLSSON
13 januari 2019

Den urinerande afrikanen och jag

När "flykting"-tsunamin sköljde över oss för några år sedan blev de "spännande mötena" som mångkulturen utlovar många fler på kort tid. Sällan var dessa möten positiva, ibland dråpliga och i vissa fall dödliga. Vart och ett av dem pekar dock åt samma håll. Det fungerar inte.

Vi minns väl alla det där året 2015 när vårt land formligen översköljdes av främlingar och svensken lydigt mobiliserade? Allt och överallt dammsögs varje möjlighet för att bereda boende åt alla de män från fjärran länder som invaderade oss. Politiker tillsammans med tjänstemän visade prov på sällan skådad beslutsamhet och det fanns ingen hejd på fantasin. "Alla skulle med". Alla som kom fick proffshjälp med att ta del av vårt land, precis som det anstår ett land vars företrädare totalt tappat kompassen om vad som är det riktiga uppdraget.

Det var en konstig tid, en smått overklig tid som i allra högsta grad var verklig. Vi såg unga män från de mest avlägsna platser beträda vårt land. En kväll vid Malmö Centralstation stod två unga män från mörkaste Afrika strax utanför tågstationen, den ene av de två urinerade helt oblygt mot väggen till Pressbyrån. Urinen skvätte på väggen och rann som en rännil vidare ut på trottoaren. Vän av ordning stannade till och skrek några väl valda ord till honom. De två negrerna stod med gapande munnar, de tittade på mig med stora ögon. Med neddragen gylf lät en av de "nya svenskarna" urinen flöda i en vad som synes aldrig sinande stråle.

Nöden har ingen lag, men att kissa på en vägg mitt i min stad, då har man verkligen gått över gränsen i vad ett anständigt beteende har att säga. Om jag haft makt och något att säga till om då skulle dessa afrikanska herrar inte befunnit sig i Malmö, de skulle aldrig tillåtits att beträda svensk mark. Nu gick dessa personer över gränsen i allt vad anständighet heter, att som gäst pinka på värdlandets byggnader är som jag ser det höjden av oskick, nonchalans, å det grövsta en skymf, och förmodligen inte heller ett vedertaget djungelbeteende. Jag kan föreställa mig i deras eget habitat att pojkar och män inte lättar på trycket mot någon annans hydda, och förmodligen pinkas det inte ens inför öppen ridå. Men så en dag ljöd ljudet av bongotrummor, "antirasister" Soros megafoner lät meddela att ungefär allt är tillåtet i landet långt uppe i norr.

Visserligen har vi i Sverige haft våra perioder av pedagogiska nycker om "låt gå mentalitet" och allmän förslappning, men jag tror väl inte att det är detta som fortfarande ger eko över jordklotet. Vi har gett upp det där "låt gå" för det visade sig inte fungera, det är historia och passé. Förmodligen misstog sig afrikanerna, då vi svenskar i gemen fortfarande förväntar oss hyfs och anständighet av våra gäster. Eller gör vi det, förväntar vi oss hyfs och anständighet? Eller har vi kanske blivit avtrubbade och förväntar oss inget då vi förstått att olikheterna finns?

Det har nu gått fem år sedan "incidenten" och " den lilla utmaningen" med de två afrikanerna och jag blir lika förbannad nu som då när jag tänker på det. Kissa på hus i min stad, F A N ta dem! Vad hände sedan, vad gjorde jag? Med bestämda steg stegade jag in på Centralstationen och fann en klunga med polisflickor. "Ni måste göra något, det står två negrer utanför varav den ena kissar på husväggen, ta dom!"

Poliserna gick ut och kom tillbaka med de två främlingarna mellan sig och jag sällade mig till gruppen. "Vem var det" sa polisen, och jag pekade ut den pinkande personen som fick order om att identifiera sig. Han hade endast ett vitt kontokort. Detta kontokort tog jag i stunden som givet att det var ett sådant som Malmö stad sätter in skattepengar på, pengar som han inte alls har rätt till men som galna politiker lättvindigt gödslar iväg som om det vore låtsaspengar.

Hur som, på svenska och på engelska berättade jag för mannen (som inte längre var kissnödig) om vad jag ansåg om honom. Han förstod en del och framför allt förstod han att jag var fientligt inställd över att han och hans brorsor var i mitt land. Han visade humör och inövade fula epitet slungades mot mig precis som det brukar ske när vanligt folk ställer upp för sitt land och för sitt folk.

Hur gick det då, vad hände sen? Ni kanske tror att svenskar strömmade till min hjälp, att det blev upplopp där slaget stod mellan oss och dom? Nej, det som hände var att polisen bad mig avlägsna mig då det höll på att "bli en situation", som den ena polisflickan sa. Jag lydde polismakten, gick därifrån och tog bussen hem till mitt.

Det är så det oftast är, vi svenskar är för det mesta lydiga och åker hem i stillhet, men innan man tar bussen hem anser jag att svensken i gemen mer ska reagera. Bli förbannad när det är befogat, håll det inte inom dig utan visa din vrede. Var nyfiken ifall du hör någon som är arg, kanske kan ni vara arga tillsammans.

Kommun tackar nej till Det fria Sveriges hjälp att hålla bibliotek öppet

När föreningen Det fria Sverige fick höra att Töreboda kommun internt resonerat kring framtiden för biblioteken i kommunen, erbjöd man sig att ta över biblioteket i Älgarås, om det framöver landar i att kommunen inte har råd att driva det. Kommunen tackar dock nej till erbjudandet.

Enligt Mariestadstidningen ska kommunen ha svarat Det fria Sverige att det inte finns något "uppdrag eller beslut om nedläggning av Älgarås folkbibliotek", varför man då tackar nej. När Svegot frågar Magnus Söderman, som skickade erbjudandet till Töreboda kommun, berättar han dock att inget svar kommit från kommunen.

– Vi fick veta att de tackat nej via nyheten i Mariestadstidningen, säger Söderman, något svar till oss har inte kommit, vare sig via epost eller brevledes.

Erbjudandet till kommunen

Det fria Sverige har många vänner i Töreboda kommun, också i kommunhuset. Det var genom en av dessa som Magnus Söderman fick veta att politikerna internt resonerat kring bibliotekens framtid i kommunen. I Töreboda kommun finns ett bibliotek i Töreboda, samt filialer i Moholm och ett i Älgarås (dessa båda har högst begränsade öppettider). Det var mellan de två sistnämnda det stod i det interna samtalet politikerna emellan.

När det kom till föreningens kännedom att politikerna ens övervägt att stänga biblioteket i Älgarås tog man initiativet att erbjuda sin hjälp. Styrelseledamoten Magnus Söderman skrev bland annat till kommunen:

"Enligt uppgift överväger ni att lägga ner bibliotek i kommunen eftersom ni (av anledningar vi inte behöver älta här) måste spara pengar.

"Vi i föreningen Det fria Sverige erbjuder er härmed att ta över driften av biblioteket i Älgarås. Vi erbjuder oss att göra detta på ett sätt som befriar Töreboda kommun från alla ekonomiska åtaganden. Detta kan ske på flera sätt och när ni bestämt er för att anta vårt erbjudande ser vi fram emot att samtala med er för att gå igenom alla detaljer."

Löfte om att inte lägga ned

Till Mariestadstidningen säger kommunrepresentanter nu att biblioteket i Älgarås är tryggt. Det finns vare sig uppdrag eller beslut om nedläggning.

– Det låter ju utomordentligt bra, säger Magnus Söderman, som själv bor i Älgarås. Föreningen har begränsade resurser och om nu kommunen fortsätter driva biblioteket kan vi fokusera på annat. Förvisso hade vi antagligen erbjudit bättre service till de boende i Älgarås om vi drivit biblioteket. Nu har de öppet två dagar i veckan, vi planerade för att ha öppet varje dag. Jag vet däremot att dessa resonemang har förts internt, men det är väl pinsamt för dem att erkänna detta och säga nej i samma andetag. Men för mig spelar det ingen roll, det viktiga är att biblioteket blir kvar.

Erbjudandet kvarstår

Magnus Söderman betonar också att erbjudandet kvarstår framöver, om kommunen ändrar sig.

– Det är ju inte ovanligt att politiker gör helt om, ändrar sig och glömmer bort gamla utfästelser. Mitt budskap till Töreboda kommun är att om de överväger att på något sätt försämra samhällsservicen, den lilla som finns kvar i Älgarås, så är vi beredda att göra en insats. De är alltid välkomna att höra av sig. Vi följer noggrant vad som händer i kommunen och de beslut politikerna fattar.

MAGNUS SÖDERMAN
14 januari 2019

Vågar du anta utmaningen och ta itu med dig själv?

Det krävs en rejäl man eller kvinna för att anta utmaningen nedan och bli en del av den "nya rörelse" som Magnus Söderman anser behövs. Är du av det rätta virket?

Jag stötte på nedanstående text häromdagen då jag bläddrade igenom Motgifts årsbok 2014. Oftast är det onödigt att uppfinna hjulet på nytt och med tanke på att innehållet blivit än mer relevant beslutade jag mig för att helt sonika återpublicera den.

Varför är den ännu mer relevant, kanske du frågar dig. Framförallt är svaret detta: medvetenheten om behovet av en moralisk upprustning inom den nationella oppositionen har ökat. Allt fler pratar om det och allt fler är trötta på den liberala mardröm de lever i. Min förhoppning är att nedanstående text blir ett konstruktivt tillskott och att den kanske inspirerar en och annan att ta itu med sig själv. Det är alltid där man måste börja.

Ur ett realpolitiskt hänseende är den nationella oppositionen väl rustad. Den politiska grunden har varit fastslagen sedan länge – nästan ristad i sten – och förutom justeringar i detaljfrågor beroende på nya situationer, förändrat världsläge och dylikt är politiken klar. Politik är inte svårt i någon bemärkelse, speciellt inte som opposition. Knivigare blir det när oppositionen blir statsbärande (eller får mer inflytande) och teori skall bli praktik. Men den dagen den sorgen. Med detta klarlagt har vi fog att åter upprepa ett maxim; vi behöver inte nya politiska program utan nya människor.

Vi behöver en ny rörelse som härmed lanseras! Ni är alla inbjudna att bli en del av denna rörelse, om ni är redo utmaningen. Denna rörelse är inte en rörelse vi tidigare sett ty den är långt mer "radikal" och "revolutionär" än vad någon vågat drömma om. Den är djupt allvarlig och ställer de högsta krav på individen. Men inget av värde är gratis och bara genom uppoffring blir något beständigt till. Med dessa ord är ni inbjudna och välkomna till:

Rörelsen för moralisk upprustning

Med erkännandet av att det är en urartad moral som möjliggjort det svåra läge vårt folk, vår kontinent och vår kultur befinner sig i, kallar vi här till en moralisk upprustning. Och med erkännandet av att "moral" är "det som rör sederna" och "seder" är det som av nytta är, vilket traderats från generation till generation och skapat vår civilisation, finner vi vår moral i den västerländska traditionen.

Som medlem i Rörelsen för moralisk upprustning erkänner du att du är barn av din tid, uppfostrad i ett postmodernt experiment och därför i behov av en traditionell moralisk upprustning. Du erkänner nödvändigheten att bli en riktig man eller kvinna.

När detta erkänns beslutar du dig för att ändra på det. Du bestämmer dig för att bryta dig loss ur ditt "pavloviska" tillstånd och återupprätta den traditionella moralen inom dig själv. Du bryter dig loss ur den materialistiska och egoistiska tidsandan och omfamnar det uppbyggliga, rena och ädla.

Din moraliska upprustning

Det är av yttersta vikt att nedanstående förstås i rätt sammanhang. Det handlar om din relation till dina egna, inte en allmän moral som är universell.

Som resursstark inser du din plikt att se till dem som har det sämre och som utsatt inser du din plikt att resa dig över din nuvarande situation. Du förnedrar inte dig själv genom att vara en del av tidsandans nesligheter.

- Du skapar inte osämja i onödan och är tålmodig mot dina fränder. Du förhäver dig inte utan försöker att med mildhet och respekt lyfta dina medmänniskor.
- Du är förlåtande men inte godtrogen.
- Du skyr sådant som bryter ned; ovärdigt tal, löst prat och skvaller. Du vinnlägger dig om att dina ord och dina handlingar är uppbyggande.
- Du undviker det som är nedrigt och söker endast det hedersamma; i det verkliga livet, på internet, ja i alla sammanhang.
- Du är modig och ståndaktig inför dumhet och okunskap. Du låter inte sådant gå dig förbi i tystnad. Du säger din mening och försvarar den.
- Du står upp för och försvarar alltid ditt arv, ditt folk, dina fäder och de framtida generationerna.

Ord på vägen

Så var den nya rörelsen presenterad. Mycket mer kan och kommer att sägas om detta. Vill du bli en del av denna nya rörelse? Välkommen. Det krävs intet annat än att du från och med denna dag – denna stund – beslutar dig för att påbörja din moraliska upprustning i enlighet med den europeiska traditionen. Lär känna ditt arv och den moral som gjorde oss till skapelsens krona, implementera den i ditt liv och bli den nya människa vi alltid pratar om men aldrig tagit avgörande steg emot.

DANIEL FRÄNDELÖV
15 januari 2019

Hur en kurdisk frisör ser på svenska folket

Det som började som min smutsiga hemlighet har utvecklats till något nyttigt och riktigt intressant. Mina besök hos en kurdisk frisör har gett mig en viktig och intressant insyn i en helt annan kultur. För tro det eller ej, en kurd har inte riktigt samma syn på saker och ting som den liberala svensken.

Det var i somras jag begick min Stora Synd. Jag gick till en utländsk frisör. Det var faktiskt inte meningen. Jag hade lite bråttom, jag ville vara fin inför ett kommande arrangemang i Svenskarnas hus och jag såg ut som en golvmopp på huvudet. Jag hade redan innan kollat upp vilka frisörer som fanns i trakten som verkade svenska, men de var alla stängda denna heta sommareftermiddag.

När jag smått desperat vandrade upp och ned på gatorna i den lilla byn såg jag en frisörsalong vars namn klingade väldigt svenskt. Dock blev jag misstänksam över de låga priserna och den något bristfälliga grammatiken på skylten utanför. Men jag var desperat och jag kände mig modig så jag klev in, väl medveten om att jag kanske skulle bli mycket besviken.

Och besviken blev jag. Mannen som något buttert tittade upp från sin telefon var långt ifrån svensk. Stort svart skägg, mörka ögon och olivfärgad hy. Han satt där i sin tomma lokal och smuttade på kallt snabbkaffe ur en liten plastmugg. Han verkade inte speciellt intresserad av att få kundbesök. Särskilt inte av en svensk sådan, något som jag senare skulle förstå var väldigt ovanligt.

Det första trevande samtalet
Det blev inte mycket sagt den där första klippningen. Jag tyckte ärligt talat att det var skönt med en frisör som bara knapphändigt behärskade svenska språket. Inget krav på småprat under friseringen. Men jag förstod att han kom från Syrien och att han var kurd. Han hade egentligen tänkt åka till Amerika men det hade blivit Sve-

rige till slut. När jag försiktigt frågade varför han flytt Syrien berättade han att det var för sina barns skull. De hade ingen framtid i Syrien menade han.

Mycket mer än så blev inte sagt. Delvis för att jag var något orolig för att råka säga något provocerande när jag bokstavligen hade en rakkniv mot halsen, men främst för att det var för bökigt att kommunicera. Raka frågor fick ganska raka svar men att prata om något mer avancerat var bara att glömma.

När jag klev ur hans salong kände jag mig skamsen, lite smutsig, men välfriserad och väldoftande. Frisörkulturen är ganska annorlunda i mellanöstern jämfört med den svenska. Det är mer som en blandning av spa och frisering, med massage och noggrann rakning, putsning, näs- och örontrimning och konstigt nog hårtvätt först efter man blivit klippt.

"Nåja" tänkte jag. "En gång är ingen gång, nästa gång klipper jag mig svenskt."

Månaderna gick och trots mitt löfte till mig själv fann jag mig hos min kurdiska frisör flera gånger. Det var något som drog mig dit, och det var faktiskt inte de låga priserna eller hans flinkhet med sax och rakkniv. Det var våra stapplande samtal. Det gav mig en inblick i en helt annan kultur, när jag satt där på stolen och hade en kurdisk sax i mitt hår. Jag kom på mig själv med att ha oerhört många frågor. Frågor som ingen, förutom just en "flykting" från Mellanöstern hade svar på.

Mina kontaktytor med denna folkgrupp är av förklarliga skäl begränsade. Detta var min enda realistiska chans att få kontakt med en person ur den grupp jag så ofta pratar om och tänker på, men som jag bara har en utomståendes bild av.

Därför blev det flera besök. Ganska många besök. Hans svenska blev allt bättre och jag skulle tro att det är mer eller mindre endast på grund av mina besök. Så vitt jag förstår pratar han egentligen aldrig annars svenska. Hjälp, jag har alltså bidragit till integration, om än i liten skala. Men jag tycker att det är värt det.

Våra samtal blev sakta mer invecklade och berörde allt fler ämnen. Han berättade att han förvisso var muslim, men inte på något sätt praktiserande.

– När muslimerna kom, Daniel, så sa dom antingen blir vi muslimer eller så dör vi. Så då blev vi muslimer. Innan var vi inte muslimer. Kanske sedan är vi inte muslimer mer.

En gång när vi diskuterade hur han hade det när han var ny i Sverige avslöjade han ett något annorlunda syn på arbete. Det visade sig nämligen att den kurdiske frisören, låt oss kalla honom Badir, fick en hel det hjälp från svenska samhället när han kom hit. Såklart. Utöver boende och bidrag blev han även erbjuden, och tog, en utbildning. En fin utbildning som närmast garanterar arbete livet ut med en bra

lön. Badir började studera till grävmaskinsförare och sju månader senare var han
färdigutbildad och började sin praktik. Men det var inget för honom, visade det sig.

– Du vet Daniel det är tufft. Det är tungt. Jag gillar inte tungt. Det var gå upp tidigt
på morgonen, jag gillar inte det. Och det var kallt och det var blött. Bättre stå här i
salong, det är varmt och man kan prata. Mycket bättre!

Det förvånade mig att jag inte blev arg när denna utlänning inte var tacksam över
att ha fått utbildning och arbete. Att han rynkade på näsan åt det och slutade efter
bara tre månaders praktik. Att alla pengar utbildningen kostat oss skattebetalare
lika gärna kunde kastats i sjön.

Men det blev jag inte. Jag blev istället stolt över mitt eget folk. Bland många svensk-
ar är det nästan en tävlan om vem som går upp tidigast, jobbar i kallast och blötast
väder, sliter mest och lyfter tyngst. I byggbarackerna jag suttit i har jag hur många
gånger som helst hört någon Åke eller Bengt som med butter stolthet berättar att
han minsann går upp 03:45, äter ljummet grus till frukost och sedan gräver flera
kilometer dike med en plastspade. Och inte klagar han för det! De andra gubbarna
nickar imponerat.

I Sverige är den som sliter hårdast, som har det "värst", någon att se upp till. Syl-
tryggar som latar sig, sover länge, inte sliter, försöker komma undan, är något
svensken kollektivt ser ned på. Så brukade det iallafall vara. Hur det är i dagens
förvirrade tider är något oklart.

Badir har dock inget intresse av att gå upp tidigt, eller äta ljummet grus. Han vill
helst stå i en varm frisörsalong och småprata med kunder. Kanske inget konstigt i
det egentligen.

Svenskorna vill inte föda barn
Jag försöker undvika att prata allt för mycket politik när jag är där på besök. Jag
tänker att risken för missförstånd är stor och igen – rakknivar. Men när Badir ojade
sig över att den lokala simhallen behövde en upprustning och han inte kunde förstå
varför man inte gjorde det med tanke på alla pengar som finns kunde jag inte hålla
mig. Jag förklarade att Sverige har ganska ont om pengar och det beror på att det
är alldeles för många invandrare här. Det är för många som går på bidrag och de
innebär att man – bland annat – inte kan rusta upp några simhallar. Kommunen har
fullt upp med att betala boende och bidrag för utlänningar.

Något sådant sa jag. Men jag sa det lugnt och tänkte att han skulle förstå. Det gjorde
han, kan man säga. Dock så fick jag höra ett och annat substanslöst argument om
att även svenskar är arbetslösa, att invandrare behövs för att köra buss samt baka
pizza(!). "Men Badir" sa jag. "Det fanns bussar och pizza här även innan det fanns
så mycket invandrare".

Han nickade, och jag kände för att byta ämne. När man ska diskutera dessa frågor är det ofta svårt nog att göra sig förstådd när man pratar med en svensk. Då jag och Badir vid detta laget förvisso hade betydligt lättare att prata med varandra än i början så var nyanserna inte riktigt där.

Men Badir fortsatte på samma ämne. Sverige behöver invandrare eftersom "svenskar inte verkar vilja ha barn".

– Jag ser många svenskar som inte har barn. Och jag ser svenskar som har barn men dom har ett barn, kanske två. En kurdisk familj som har fyra barn räknas som en liten familj. Det är en liten familj, Daniel, om dom har fyra barn. En stor är kanske sex eller sju. Men svenskar vill inte skaffa barn. Snart är det inte många svenskar kvar. Vem ska ta hand om landet?

"Femenenmismen"
Jag låter honom prata, för det är intressant. Men vid ett tillfälle vill jag ge min syn på det hela. Varför svenskar inte vill skaffa barn.

– Bedir, vet du vad feminism är? Det är delvis därför så många svenska kvinnor inte vill bli mammor.

– Fenemesm?

– Nej, feminism.

– Fimemenesm?

– Ja, något sådant. Det är alltså en idé om att kvinnor och män klarar precis samma saker. Att man ska göra samma saker. Att kvinnor, precis som män, ska skaffa sig en karriär och ge sig ut i arbetslivet och arbeta hårt och tjäna mycket pengar.

– Varför?

– För att kvinnor och män är likadana och därför ska de göra likadana saker.

– Men Daniel, det där du säger nu det är sjukt. Så kan det inte vara.

– Ja, det är sjukt. Och det är inte bra för någon. Inte bra för männen och framförallt inte bra för kvinnorna. Dom mår inte bra av det.

Men, resonerar han, det är inte så lätt att ha barn i Sverige. Visst, man kan stanna hemma med bidrag i två år men sedan måste mamman ut och arbeta. Lämna barnen tidigt på dagis, komma hem trött och sliten och inte orka med så mycket mer än att laga mat och sedan lägga barnen.

– Kanske därför inte så många vill ha barn, Daniel?

Så får man dock inte tänka, förklarar min frisör för mig. För man får inte tänka bara på sig själv. Man måste tänka på de som kommit innan, det vill säga ens förfäder, och man måste se till att denna kedja av liv fortsätter efter att man själv har dött. Det finns bara ett sätt att göra det, och det är att föröka sig.

Han säger det med sådan självklarhet att jag känner ett hugg av sorg i hjärtat att så många av mitt eget folk helt har tappat denna självklarhet och istället verkar se sig själva som individer, som öar och inte som en länk i en kedja. En kedja som allt för ofta bryts. För att man har fått för sig att det är jobbigt att skaffa barn. Och, tack vare bland annat högt skattetryck har man delvis rätt i detta. Att båda föräldrar ofta tvingas arbeta heltid gör att barnen och föräldrarna far mer illa än nödvändigt.

Det höga skattetrycket kan dock delvis skyllas på personer som Bedir, även om han troligen inte förstår det själv och än mindre har önskat det. Hans folk lever i mitt land på bekostnad av mitt folk. Och i förlängningen faktiskt vår överlevnad.

Men jag håller inte det mot honom personligen. Han har som så många blivit hitlurad. Han har hört att Sverige behöver invandrare för annars står bussarna still och pizzorna slutar serveras. Och kanske framförallt, utan invandrare finns det snart inga människor som bor i Sverige.

Ur hans perspektiv gör han helt rätt. Han kommer till ett tryggt land med vad som verkar oändliga resurser och allt för få människor. Han ser sig som en nybyggare. Som ett välkommet tillskott.

Jag ser fram emot att förklara för honom, försiktigt, att han har fel. Att han inte behövs här. Att vi klarar oss utmärkt själva. Och, kanske framförallt, att vi betalar för han och hans landsmäns uppehälle med våra egna resurser. Med svenskar som dör i vårdköer, med färre poliser på gatorna och med generellt betydligt sämre välfärd.

Det är ett för högt pris att betala. Även om han är en duktig frisör.

DAN ERIKSSON
15 januari 2019

Låt oss vara ärliga i debatten om slöjförbud

I Sverige vaknar #98 diskuterades slöjförbudet i Skurup med många intressanta infallsvinklar. Det kan verka vara en komplicerad fråga, men låt oss vara ärliga när vi diskuterar den enda anledningen att stödja ett slöjförbud; att göra det oattraktivt för muslimer att leva i Sverige.

Ofta förekommer argument om att slöjförbud är för barnens skull, för de ska inte "tvingas på en religion" eller "tvingas på sig en slöja". Detta är en mycket farlig utgångspunkt, som lätt kan användas emot oss själva och som står i bjärt kontrast mot vår syn på familjens största möjliga autonomi från staten.

Principen om familjens helgd
Att det skulle vara bättre att staten med hot om våld (vilket är hur lagar upprätthålls) bestämmer vad barn ska ha på huvudet, istället för att låta det vara familjens val, har jag väldigt svårt att acceptera. Hela idén om att barn ska få "välja sin religion själva" är samma flum som slagit sönder den svenska kristna gemenskapen med 1968 års vänsteridéer.

Snarare är det viktigt att familjer, inte staten, får möjlighet att forma sina barns identitet, religion och framtid i så lång utsträckning det bara går.

Enda anledningen att stödja förbud
Vi måste därför vara ärliga i vår kommunikation med svenskarna. Den enda anledningen att jag stödjer ett slöjförbud är för att den kan fungera som ett verktyg för att göra det oattraktivt för muslimer att bo i Sverige. Rent principiellt tycker jag att lagen är felaktig; hade vi inte haft massinvandringsproblemet och den demografiska katastrofen runt hörnet hade jag varit militant motståndare till den typen av statliga påbud.

Men genom att vara tydlig med att den enda anledningen att jag stödjer den här typen av lagar idag är att det kan göra att färre folk från Mellanöstern och Nordafrika tar sig hit, kan vi förhoppningsvis mota kontrajihadismens integrationsiver i grind. Om vi försöker vara "taktiska" och påstår att detta handlar om omsorg om de arabiska och afrikanska barnen gör vi oss själva en otjänst, dels för att vi tar en principiellt felaktig ställning, men också för att de tusentals människor som följer vad vi säger och skriver kan luras in i att tro att integration är möjlig eller önskvärd.

JALLE HORN
15 januari 2019

Roger Scruton – en beundransvärd filosof

Den engelske filosofen Roger Scruton dog för några dagar sedan, (12 januari) 75 år gammal. Han var en viktig del av den konservativa rörelsen och debatten om konservatism de senaste 50 åren. I Sverige har han varit aktuell och välläst de senaste 15-20 åren tack vare beundrare som Mattias Karlsson och Johan Hakelius. Genom sin principfasthet, aktivism och förmåga att övertyga på ett lättfattligt sätt är han väl värd all beundran.

Roger Scruton har varit en viktig inspirationskälla för många personer, särskilt konservativt lagda människor. Han har tillhandahållit dem som behöver det goda argument för samtal i fikarum, middagsbord etc. Han har säkert också lyckats få människor som inte varit särskilt konservativa att tänka om. Med sin typiskt anglosaxiska stil – utan för mycket finesser, utmärkande för bl.a. franska skribenter – har han belyst en mängd frågor ur konservativ, traditionalistisk synvinkel. Ibland kan en sådan relativt enkel stil göra att texten känns lite pratig. Hos Scrutons amerikanske kollega Harold Bloom, även han rätt konservativt lagd inom sitt gebit (skönlitteratur), får man bitvis den känslan. Men Scruton håller stilen – klar, rättfram, utan för mycket tyngande begrepp och utan snackighet. Även om det kan kännas enkelt ska det framhållas att han grundar mycket av sin filosofi, vare sig det rör sig om estetik eller politik, på filosofer som Immanuel Kant och Georg Friedrich Hegel. Och det är inga enkla herrar, vare sig deras tankar eller texter. Så under Scrutons text finns nog så mycket bäring.

Kant och Hegel för oss över till begreppet frihet. Friheten är central hos båda tänkarna. Fast de är långt ifrån några liberala tänkare. Människan som individ är också viktigt för Hegel och Kant, men det rör sig inte om liberalismens låt-gå-individualism. På många sätt är de två filosoferna tvärtom konservativa tänkare, i Kants fall pliktkänslan och i Hegels fall gemenskapens/statens roll. Individualitet och frihet kan inte komma till sin rätt utan plikt eller gemenskap.

Det är tankar som även var viktiga för Scruton. Individualiteten måste knytas till något högre, något andligt, om det ska bli något av individen. Frihet för individen uppnås i och med att hon är autonom, men då är pliktkänslan ett krav. Bejakande av frihet och individualitet är således viktiga grundstenar även för konservativa tänkare. Scruton visade det i handling genom sitt riskfulla engagemang för människor i östblocket, bl.a. genom föreläsningar för dissidenter i Polen och Tjeckoslovakien.

En viktig slutsats att dra är att vi på högerkanten, vare sig nationalister, traditionalister eller allmänt moderata personer, måste – och kan, och kommer att – återerövra begreppen frihet och individ från liberaler, som har hamnat vilse i postmodern nihilism. Deras bejakande av multikulti, multisexi, multistati m.m. för friheten och individen till intighet.

I politiska sammanhang trodde Scruton på nationalstaten. Ett av hans mest centrala begrepp är oikofobi, hatet mot hemmet, i det här fallet förakt för den egna nationen, det egna folket, den egna kulturen, Västerlandet i stort. Scruton tog tvärtom strid för både nationer och västerländsk kultur. Hans ställningstagande och vassa argumentation har gjort honom hatad av horder från det egna akademikerskrået, ännu ett oikofobiskt uttryck. Men han var principfast, stod på sig och tog striderna. Det hedrar honom.

Ett vapen för oikofoberna är idén att det inte är någon skillnad i kvalitet mellan kulturyttringar. I princip är en sats i en Beethovensymfoni inte bättre än en reklamjingel, i alla fall inte bättre än en poplåt. Därmed kan allt minnesvärt som västerlänningar har skapat tas ned från piedestalerna och dras i smutsen. Ty de gamla verken skapades genom makt, patriarkat, kolonialism m.m. argumenterar oikofoberna. Scrutons främsta insats har därför varit försvar av västerländsk kultur, inte minst konstarternas klassiker, vår kulturkanon. Estetiken har varit hans främsta område.

Eftersom kulturyttringar ofta står i centrum hos Scruton blir förstås allehanda författare, kompositörer etcetera en självklar del av resonemangen. Det gör honom förstås svår för dem som inte kan sin Mozart och Rilke. Lite elitistisk! Men hänvisningar till Goethe m.fl. är en självklar del av den intellektuella scenen, och det fungerar också som en sporre för läsaren att förkovra sig om sådant kulturgods. Faktum är att Scruton betonar just individens förmåga och krav att tillägna sig kultur. Det är ett arbete som åligger oss att ägna oss åt vårt kulturarv. Bildning ska vara den viktigaste delen av skolarbetet men också en väsentlig del av en vuxen människas liv, menar Scruton.

Däremot går han hårt åt många moderna konstyttringar (dock långt ifrån alla), särskilt modern arkitektur och popmusik, bl.a. för att de är så påtagliga, så ständigt för våra ögon och öron. I popmusikens fall kan sägas att han rent av blir lite dumkonservativ och pladdrig i sin kamp att skriva ner den. Det är klart att mycket popmusik är blott image eller ren fabriksproduktion, men mycken popmusik är genuint skapad, väldigt välgjord och har förmågan att estetiskt röra lyssnaren på ett sublimt sätt. Därmed inte sagt att Benny Andersson skulle vara lika musikalisk som Johann Sebastian Bach.

För den som vill förkovra sig finns tre böcker av Roger Scruton på svenska: Filosofi för den moderna människan, Kultur räknas och Att vara konservativ.

EVA-MARIE OLSSON
16 januari 2019

Motdemonstration mot motdemonstration

Svegots krönikör passade på att motdemonstrera mot motdemonstrationen mot beslutet att förbjuda slöjor i skolorna i Skurup. Här berättar hon om dagen; hur hon överfölls av en muslim, räddades av två kommunister, bråkade med polisen med mera. Därtill tipsar hon om slagord att använda vid dylika tillfällen.

Man får ju säga att muslimerna kan konsten att mobilisera och ställa upp för varandra som grupp. Till min lilla sydskånska lantbrukskommun kom i hyrd buss muslimer som bor i Malmö resande för att protestera mot ett i Skurups kommun politiskt taget beslut. Och då som jag ser det ska även svenskar som vill ha ett svenskt Sverige vara på plats.

Men innan jag går vidare: Min ådra som motdemonstrant kom ut i sin fulla rätt och visade sig då jag hittade på talkörer så det stod härliga till. Jag vill gärna påpeka att flera av de nyfikna som stod bredvid berömde min uppfinningsrikedom. Så, om det blir en nästa gång är vi med all säkerhet många fler som högt visar vad vi anser om den förtryckarideologi som vill få fäste även i vår kommun. Här kommer ett smakprov och fritt att använda er av.

- Av med slöjorna, på med toppaluvorna
- Ja till Skurup – Nej till Mellanöstern
- Slöjan mannens val
- Slöjorna på männen
- Islamiska förbundet Malmö ska resa hem, men inte till Malmö
- Sluta könsstympa er
- Inga slöjor på barn
- Inga slöjor på våra skolor
- Ut med islam

- Sverige åt svenskarna
- Mohammed var en pedofil
- Alla muslimer som älskar judar räcker upp en hand, NU! (en räckte upp handen men han ljög för han utövade taqiyya)

Denna rätt milda kväll var kvinnornas kväll. Muslimska kvinnor höll i föreställningen, med megafoners hjälp skanderade pipiga röster olika ideologiska ställningstagande blandat med förvirrande okunniga utrop som till exempel: "Var är demokratin" eller om det kanske var "Vad är demokratin". Vi var några som konstaterade att dom var som muslimer är mest, de vet inte vad demokrati är, eller om man ska hårdra det så är demokrati inget som islams följare ens en gång önskar. De har ju sin koran. Inget annat behövs, alla ska inom sin tid med eller utan vapenmakt bli muslimer. Fast å andra sidan hörde jag lite spritt att muslimskorna även kom in på förintelsen (andra världskriget, skorstensrök och sådant). Det är väl så det är, de har lärt sig i Sverige att dra nazistkortet, därav sista punkten av mina påhittade ramsor. Slöjförbud = koncentrationsläger = muslimska kvinnors logik.

Vid denna manifestation fanns det väldigt gott om media sett till så liten protesten faktiskt var. Vid denna både smala och korta småstadsgågata var både lögnmedia och alternativmedia på plats med sina arbetsattiraljer. Förmodligen fanns de socialdemokratiska hatorganisationerna även de på plats, och kommer med all säkerhet att göra sitt yttersta för att tysta oss som inte vill ha sharia i vårt land. Vi låter oss inte tystas.

Freddy Mardell vår malmöitiska verklighetsdokumenterare var även han där, och Jag berömde honom för hans goda arbete med att dokumentera min födelsestad Malmö. Han å sin sida var imponerad över så modiga vi skånska kvinnor var som var där. Det ska bli spännande att se hans material och berättelse från kvällen.

Långt senare samma kväll postades det artiklar från diverse lögnmedia, och jag får ju säga att till en del var de bra då vi fanns med, men å andra sidan har journalister och redaktörer gjort medvetna förvirrande textrader. Som vanligt med andra ord. En gammal granne i Malmö kontaktade mig för att berätta att jag synts på tv, även om det var bara en sekund kanske.

Muslimernas motdemonstration som vi svenskar motdemonstrerade mot höll på mellan 16.00-18.00. Fler och fler anslöt sig medan tiden gick, både på vår och på fiendesidan. Vänsterpartisterna med röd banderoll och med hbtq-flagga stod och tryckte i utkanten av islamisternas gruppering, förmodligen fiskade vänsterpartisterna röster i samma takt som de svek sitt fädernesland. Ve dem! Men å andra sidan skrek jag till dom att de kunde "flytta till Sovjetunionen – men Sovjet finns ju inte mer och det gråter ni fortfarande över, ha ha ha".

Dom där landsförrädarna och folkförrädarna bland vänstern var lite rasistiska, de fnyste när jag påpekade att deras liv inget är värt för koranföljarna. Det var på sin plats att påminna om revolutionen i Iran 1979 då kommunister gjorde gemensam sak med muslimerna, när Shahen så var störtad fängslade och mördade muslimerna kommunisterna. "Pytt det var ju i Iran, det händer inte här att muslimer dödar vänsterpartister", så med den vänsterpartistiska logiken är islamister i Sverige snälla, medan Islamister i Iran och i andra muslimska länder dumma.

Jag får ju säga att jag inte var nådig i min kritik till de femtekolonnare vi hade framför och ibland oss, och tack vare att jag lyssnar på danska politiska Youtubeklipp kunde jag benämna en dansk vänsterpartist vid hennes rätta namn "fältmadrass", hon trodde hon var rolig då hon ställde sig vid oss med sin islamvänliga skylt. Hon är en fältmadrass rätt och slätt! Hon dröp av, kanske ända till V-Hörby, en vänsterförening som rest ända till oss i Skurup för att sympatisera med fienden.

Det finns mycket att säga om dessa två timmar. Jag hade önskat att vi svenskar som kämpar för Sverige var många fler till antal, men i det stora hela var folkets gensvar mot oss som är emot islamisering positivt. Nu ser man att det går, det finns de som vågar.

Vidare, Ystads Allehanda skriver bakom betalvägg: "'Vi kräver vår rätt till religionsfrihet och rätten till våra kroppar' ropade Tasnim Raoof, i protest mot kommunpolitikernas beslut att förbjuda slöja i skolorna. Trots ett antal motdemonstranter blev det en lugn manifestation på gågatan."

Lugnt och lugnt, det kan jag inte riktigt hålla med om. Jag blev utsatt för ett överfall (där den anfallande muslimen slet till sig min skylt med texten SHARIA överkryssad och med en svensk flagga på andra sidan). Jag gav inte upp utan kämpade emot. Två män från kommunistiska partiet, som var på samma sida som oss, hjälpte mig tills polisen fick tummen ur arslet och gick de tre stegen för att ta muslimen. Då var mitt plakat sönderrivet, men budskapet hade gått fram.

Sedan har vi det med polisbrutaliteten som jag blev utsatt för. En polis (befälet) skrek mot mig och knep mig i högra överarmen, och hotade mig att det skulle bli mycket hårdare ifall jag inte lydde. Jag fick inte vara vid bilen där de stoppat in muslimen som attackerade mig. Jag gick dit för att göra polisanmälan, och förvissa mig om att det inte smaskades pizza i polisbilen.

Några av oss diskuterade sedan polisens arbetsmetoder. Jag vill hävda att jag mycket hellre vill få en smekning över ryggen som en muslim från "Islamiska förbundet I Malmö" fick mitt framför ögonen på mig. Jag vill hävda att vanliga Skurupsbor fick en uppvisning i att polisen är politisk, medan polisman tar bryskt i mig och kniper mig i armen, så smeker en poliskvinna en muslim över ryggen. Så går det till i AB Sverige. Svensken ska fostras och kuvas.

Dessa två timmar var två surrealistiska två timmar. När muslimska kvinnor och män skanderar att kvinnor själv ska bestämma över sina kroppar, ropar jag: sluta att könsstympa er. När de skanderar "slöjan mitt val", får de höra från oss "slöjan mannens val". När de skriker "var är demokratin" kontrar vi med att demokrati vet ni ingenting om. Och så håller vi på till helt vanliga jordnära skurupsbors förtjusning. "Ni var jättebra" sa en.

Summa summarum, islamisterna ljuger så det stänker om det, de vet ingenting om demokrati, de kvinnliga muselmanerna bestämmer inget för det gör mannen, islam är ingen religion utan en totalitär ideologi som om den utökas i vårt land kommer att ge vid handen islamskt skräckvälde för våra kommande generationer.

Vidare blir inte musselmanskan svensk endast för att hon bott i Sverige i "16" år, ej heller har hon som hon sa "byggt Sverige", och inte falnar vårt motstånd mot islam bara för att småflickor med slöja skickas fram för att ge oss blommor. Nej slöjförbud inom förskola och skola är inte ett "rasistiskt" beslut utan ett helt friskt och sunt beslut. Vad de allra flesta av oss vet så är varken slöja eller islam en ras. Sen å andra sidan kan slöja vara bra då de lättare går att känna igen den dag de ska ut från vårt land. De ska inte integreras de ska hem!

Ja jag säger då det, dessa muslimer som rest hela vägen till lilla Skurup visste inte till sig i sin iver att i megafonen ömsom tala honungssött och ömsom ogenomtänkt haltande, samt otäckt hatiskt mot värdfolket. Med andra ord precis vad man kunde förvänta sig.

Så vad att göra? Vi svenskar måste organisera oss i förening för svenskar. Jag hoppas verkligen att mina landsmän som nu fick upp ögonen för hur det kan bli om fler muslimer flyttar till kommunen inser nyttan av att gå samman. Kan dom så kan vi!

Vi måste såklart även få till stånd Återvandringsverket så att hemresor kan påbörjas. Som motionären i kommunpolitiken skrev "Är det så viktigt att man vill leva med detta patriarkala förtryck så är Skurups kommun inte en kommun där detta förtryck skall kunna få utövas i, då får man välja någon annan stans att bo." INTERNERA-DEPORTERA-REPATRIERA!

MAGNUS SÖDERMAN
16 januari 2019

Gör din plikt – även om strängen brister

Trots att det inte på något sätt kan tagas för säkert att vår sak – vår svenska strävan – kommer röna framgång så är det likväl självklart att vi sliter på. Varför, kanske du frågar dig? Det gör också Magnus Söderman tidvis. Här ger han svaret.

Sant och visst är det, att vår strävan och längtan efter en nordisk renässans på intet sätt är säker. Den moderna världen kan inte vara för evigt och redan nu ses sprickorna i fasaden. Jag påminns och tar fasta på professor E. Almqvists ord när jag reflekterar över modernitetens omöjliga framtid:

"Varken maktmedel eller fromma önskningar, varken spekulation, ord eller dogmer förmå förändra verkligheten, naturens ordning och dess lagar. Däremot förintas förr eller senare allt naturstridigt, ej sällan på ett våldsamt sätt".

Detta är så nära ett realpolitiskt "messianskt" hopp jag vågar sträcka mig.

Av olika skäl vänder jag mig bort från idén om att det ena eller det andra måste inträffa innan vårt återerövrande kan slå ut i blom; framförallt av skälet att vi måste vara övertygade om vår saks rättfärdighet alldeles oavsett vad som sker. Alltså, vi har rätt och därför kan vi åstadkomma det vi vill; utan vare sig ekonomisk kris eller annat som katalysator.

Risken, om man tar till sig denna sorts frälsartro, blir annars att man "rider tigern" i väntan på den förändring som måste komma. Enligt Julius Evola handlade detta om att leva i världen men hålla sig ren från den, vilket är en lärdom som de första kristna bar med sig: "Älska inte världen, inte heller det som är i världen" (Johannes första brev 2:15). I sig en självklar lärdom. Men Evola går ett steg längre då han menar att det inte är meningsfullt att ens kämpa emot världsordningen eftersom den nödtvunget kommer att gå under. Det viktiga då blir att tjäna som bevarare av de traditionella idéerna.

Oswald Spengler trodde att vi skulle få se en tillbakagång till de stora rikenas maktkamper mot varandra. Vi får ge honom rätt i det att globalismen inte skapat en världsvid enhet, utan snarare olika världsvida intresse- och maktblock – samtliga antitraditionella och materialistiska (även om det finns grader även i det helvetet).

En blöt filt av naturstridiga irrläror har sänkt sig över oss och de disparata uttrycken av rasegen lojalitet kan svårligen hävda sig. Den moderna människans beredvillighet att känna hopplöshet skapar därför incitamenten för defaitism och tron på (behovet av) en yttre händelse för förändring.

Men alldeles oavsett om det nu är så att denna världsordning måste gå under, blir ju frågan vad som komma därefter? Jag menar att det som kommer då, lägger vi grunden för nu. Och denna grund lägger vi genom hårt arbete och fiendskap med världen. Det är inte nya idéer som behövs utan människor som omformar sig genom att leva idéerna som alltid funnits och som finns skrivna i våra hjärtan. När människan återerövrat sig själv och kastat av sig den blöta filten kan hon äntligen ropa:

"Du död, var är din seger? Du död, var är din udd?"

Detta vi håller på med är ett vanskligt projekt utan några garantier för framgång. Men det spelar ingen roll. Människovärdet definieras av plikten. Gör man sin plikt så gör man rätt. Gör man sin plikt kan man alltid vara nöjd. Vi har inte några garantier, inga löften – däremot ligger ett outforskat hav av utmaningar framför oss. "Gör rätt och räds intet", skaldas det i Eddan och när jag själv undrar vad i hela fridens namn jag egentligen håller på med, brukar jag minnas Heidenstams ord:

"Det är skönare lyss till en sträng, som brast,
än att aldrig spänna en båge."

KRISTOFFER HUGIN
17 januari 2019

Finns det en universell moral?

Etik är en teoretisk reflektion över moral och vad som anses vara normativt moraliskt. Den har existerat sedan antika Grekland när man försökte utröna och definiera "ethos" och huruvida det finns en universell moral som existerar utanför handlingar eller inte. Hugin gör ett försök, utan att göra anspråk på att vara en etikfilosof, att ge en förklaring till att etik och moral är både universellt men på samma gång i konflikt mellan olika grupper.

Ett av syftena inom normativ etik är att utröna vad som kännetecknar en god handling och vilka mänskliga egenskaper som är goda. Inom den normativa etiken finner vi den aristoteliska dygdetiken, utilitarianismen och kantiansk etik. Undertecknad har inte studerat någon av dessa i detalj utan endast på en övergripande nivå och utifrån detta vill jag argumentera för att alla har en viss relevans, men att inga är helt korrekta.

Etik och moralargument utgår ofta ifrån både ifrån intentioner och konsekvenser av en handling. Om intentionen var god så kan det kompensera för en negativ konsekvens (vi har varit naiva!), medan om intentionen var ond och utfallet ändå blev gott så kan det kompensera. Det sistnämnda är dock ganska sällsynt i vårt samhälle.

Det jag anser är bristen med de tre olika etikskolorna ovan är att de antingen utgår ifrån individen eller att de försöker utröna huruvida dessa är universella för alla människor eller inte. Endast en västerländsk mentalitet skulle kunna ha denna inställning, men den är bristfällig. Jag vill därför ge ett evolutionspsykologiskt perspektiv på etik och moral som de flesta icke-vita mänskliga grupper utgår ifrån.

Utgår man ifrån att människor bildar grupper på genetisk och kulturell likhet och ägnar sig åt gruppselektion, så följer att varje grupp har ett intresse av dess överlevnad. Detta innebär allt som gynnar den egna gruppens överlevnad kan betraktas som etiskt eller moraliskt gott. Samtidigt påverkas antagligen uppfattningen av densamma av hur hög nivå av empati och altruism gruppens egna medlemmar har. På så vis kan en grupp med hög nivå av altruism finna det oetiskt att utnyttja andra grupper för egen vinning, medan en annan grupp kan se det som önskvärt på grund av lägre altruism. Den enes död, den andres bröd, så att säga.

I den evolutionära kampen belönas sällan inga altruistiska beteenden gentemot främmande grupper, endast din egen grupps fortlevnad räknas. Således kan det alltså vara direkt destruktivt att premiera andra grupper på din egen grupps bekostnad. Ett undantag är så kallad reciprok altruism, vilket innebär att människor ibland gör en uppoffring för totala främlingar, men där den underliggande motivationen är att denne kanske återgäldar i framtiden. Med betoning på "kanske".

Utgår man dessutom ifrån att alla mänskliga grupper har sin egen överlevnad som högsta prioritet så inser man ganska snabbt att samma beteenden från respektive grupp kan komma i konflikt. Om dessa två möts i konkurrens över resurser så kommer bägge grupper att slåss om resurserna och bägge kommer prioritera sin egen grupps överlevnad. Detta kommer då, om gruppernas kultur är sund, att betraktas som etiskt. Om hotet är starkt så kan både utnyttjande och mord av medlemmar i den konkurrerande gruppen betraktas som etiskt, eftersom motsatsen skulle skada dina stamfränder. Samma moraliska värderingar kan alltså betraktas som omoraliska av utomstående, trots att de spelar efter samma evolutionära regler.

I en osund kultur kan det i stället betraktas som oetiskt eller omoraliskt att inte hjälpa medlemmar ur den andra gruppen. Det kan till och med vara oetiskt att premiera sin egen grupp före andra grupper. Givetvis är detta evolutionärt maladaptivt eftersom denna altruism bara fungerar om samtliga grupper agerar likadant. Men eftersom alla inte gör det så blir altruisten förlorare om motparten är en opportunist som utnyttjar situationen.

Således: etik och moral utgår i grunden från samma principer – den egna gruppens överlevnad. Men eftersom detta skapar konflikter över resurser kommer olika parter att betrakta samma beteende olika. Antingen som etiskt eller omoraliskt beroende på om man tillhör den vinnande eller förlorande sidan. Och i det långa loppet kommer den mest altruistiska gruppen att förlora. Med andra ord – vi måste ta vår egen sida, för ingen annan kommer göra det. Vi bör inte heller ha dåligt samvete för att vi gör det, för våra motståndare har det definitivt inte. Moralfilosofin bör alltså lyfta perspektivet från individen till gruppen för att bli mer relevant.

MAGNUS SÖDERMAN
17 januari 2019

Polisen i Sverige om Sverige var svenskt

Till skillnad från politikerna som få litar på så folk i gemen ett stort förtroende för polisen. Men detta knakar i fogarna på grund av myndighetens oförmåga att hantera den rådande samhällssituationen. Därtill har kåren tydligt politiserats, vilket gör att alltfler kritiska röster höjs. Hur skulle det kunna vara … om Sverige var svenskt? Här en vision.

Jag kommer inte här att ta upp polisorganisationen som sådan, inte heller titta på detaljer kring hur polisområden skall kommunicera med varandra, vem eller vilka som skall sköta vad och så vidare. Det jag främst ämnar resonerar kring är medborgarnas förhållande till polisen, polisens roll och hur polisen ska uppfattas.

Min vision för polisen börjar i det lilla, i närområdet. Det eftersträvansvärda är att ha poliser som inte bara verkar i närområdet utan som också bor där, personer som har känslor för området och som lär känna människorna som bor där privat. Detta är å ena sidan brottsförebyggande samt å andra sidan behjälpligt när brott sker. Poliser som lever och bor i det samhälle de arbetar vet med tiden vem som är vem och ungefär vilka som ställer till med vad.

Poliserna måste också ut på gatorna och patrullering till fots eller med cykel (så att man är nära folket) skall vara normen, medan bilen skall vara undantaget (om man inte är trafikpolis vill säga).

Därtill anser jag att polisen skall demilitariseras; deras uniformer skall inte vara av militärt snitt så att de ser ut som att de är rustade för krig.

Slutligen tycker jag också att det som var vanligt förr, att polisen hälsade med honnör, vid exempelvis trafikkontroller med ett ”God afton. Får jag titta på körkortet?”, åter skall bli praxis. Polisens uppgift skall nämligen inte vara att övervaka och misstänka allmänheten, deras uppgift är att tjäna medborgaren och de är principiellt underställda dem – detta skall vara tydligt.

I min vision är polisen också obeväpnad – det ska vara standard – medan beväpning ska vara undantaget. Självfallet skall inte poliser tvingas in i farliga situationer utan rätt utrustning, men det betyder inte att de skall utöva sin auktoritet med vapnet som garant. Jag vill vända på hur det ser ut och se en obeväpnad polis, men en beväpnad befolkning.

På Island är polisen i regel obeväpnad under patrullering, medan en tredjedel av befolkningen äger skjutvapen; på Irland är polisen obeväpnad och bara 25 procent av polismännen är utbildade på skjutvapen. I Storbritannien ville år 2012 82 procent av polismännen fortsätta vara obeväpnade och på Nya Zeeland är det bara ett dussin poliser i hela landet som har rätt att bära vapen. I vårt grannland Norge patrullerar polisen också obeväpnad. Efter tragedin på Utöya ville somliga ändra på detta, men det slutade med att den gamla principen om en obeväpnad patrullerande polis skulle upprätthållas.

Dessa exempel visar att det går. Men det förutsätter vissa saker varför rubriken ovan åsyftar ett svenskt Sverige. Vore Sverige ett etniskt homogent land så skulle det inte finnas några argument för en beväpnad polis, och det är utifrån den premissen jag skriver.

Med kombinationen av en beväpnad befolkning, en självklar rätt att försvara sig själv och sina medmänniskor samt en polis som har rätt att kräva allmänhetens hjälp (något liknande Posse comitatus) så kan lag och ordning upprätthållas utan att vi för den skull skall behöva acceptera en polis beväpnad till tänderna och iklädda militära persedlar. Polismannens auktoritet skall ligga i den självklara uppfattningen att han har befolkningen bakom sig, samt att befolkningen de facto är beredda att på polismans uppmaning också göra sin plikt att försvara samhället.

Jag menar inte att polisen, som på Irland, inte ska kunna handa vapen. Jag vill att befolkningen generellt skall vara beväpnad och välövade, gärna från ung ålder som en del av utbildningen. I befolkningen ingår självfallet polisen. Däremot menar jag att polisen, väl kommen till jobbet, skall lämna sitt personliga vapen på stationen innan han ger sig ut för att tjäna sina medmänniskor.

Som en del av folket har han rätt att äga och bära vapen; som en representant för staten skall hans auktoritet komma genom medborgarnas stöd för nämnda stat. Polisen skall inte kunna användas som legosoldater av en stat som blivit korrupt eller som genom sin politik skadar den egna befolkningen (något som sker idag).

Vid särskilt allvarliga händelser bör det dock finnas en insatsstyrka som är såväl utrustad som tränad för att kunna hantera varje upptänklig situation.

Inom polisen ingår Säkerhetspolisen som idag definierar sin uppgift på följande vis: "Säkerhetspolisen skyddar Sveriges demokratiska system, medborgarnas fri- och rättigheter och den nationella säkerheten. Det gör vi genom att förebygga och avslöja brott mot rikets säkerhet, bekämpa terrorism och skydda den centrala statsledningen."

I allt väsentligt är det som det ska. Frågan som dock kan ställa är, vad menar de med "Sveriges demokratiska system"? Handlar det om statsskicket eller handlar det om den uppsjö av principer som (oriktigt) klistras till begreppet demokrati? I det fria Sverige skall det vara väldigt tydligt att Säkerhetspolisen inte har till uppgift att övervaka dissidenter; inte spionera på medborgare som tycker "fel" eller liknande. När det är förstått är det gott så.

Polisen uppgift ska vara att skydda och tjäna, det är så konstaplarna måste se på sig själva. Tyvärr är min vision ovan ingen jag själv kommer få uppleva. Snarare kommer trenden gå i rakt motsatt håll. Vi kommer få en mer militariserad polis och snart nog blir det vägspärrar och annat elände. Det kommer bli så eftersom detta är det enda sätt för regimen att upprätthålla någon ordning i det samhälle de skapat. Mångkultur och massinvandring; normkritik och materialism bringar kaos och sliter sönder landet.

Framväxandet av prekariatet, växande städer, främmande folks allt större krav på värdnationen och en statlig såväl som kommunal ekonomi på upphällning kan – utifrån systemets synsätt – bara mötas med "hårdare tag" mot alla (men framförallt dem de vet inte kommer säga ifrån, svenskar alltså). Alternativet vore en nationalistiskt politik med allt vad det innebär. Den skulle, till sist, leda fram till att vi också kunde få tillbaka en poliskår värdig en högstående civilisation bestående av fria svenskar.

LUDVIG DELIN
17 januari 2019

Conor McGregor och sojapojkarna

Lördagen den 18 januari kan vi än en gång få se den älskade och hatade Conor McGregor gå upp i oktagonen. Som motståndare har irländaren fått Donald Cerrone. De kampsportsfrälsta kommer att följa fighten. Och sojapojkarna på Sveriges sportredaktioner kommer som vanligt fördöma våld.

Att få se en fighter likt Conor McGregor ställa till en show är oftast en fröjd. Vissa älskar hans dryga stil, andra hatar den. Men likväl så har vi en person som inte räds kontroversiella ställningstaganden, även om han har en tendens att uttrycka sig aningen vulgärt. Men det finns någonting djupt tillfredställande med i princip det mesta McGregor tar sig för vågar jag hävda.

"Han är ju inte som man ska vara"

Han är inte som man ska, brukar en del kritiker häva ur sig när McGregor sagt något drygt eller vevat nävarna utanför ringen. Och det är där tjusningen ligger. Han är inte en sådan som agerar på det sätt en världsstjärna "ska". Han står inte i någon bögparad och säger sig ta någon påhittad fight mot homofobi. Han gör whiskey istället.

Istället för att vara en undergiven vit sojapojk som ber om ursäkt för sin existens, så visar McGregor att man kan bemöta världen med stolthet över sin identitet. Visserligen ofta på ett drygt och kaxigt sätt. Men likväl så viker han sig inte för något. Han maler genom sin existens som vit man ned globohomo-narrativet oavsett om han är medveten om det eller inte.

Fighten utanför ringen

Att sedan svenska sportjournalister, sojapojkar och manliga dagisfröknar grämer sig över hur kampsporten, och MMA i synnerhet, växer för varje år som går är bara ett plus. För det är vad det här egentligen handlar om. Vilka som omfamnar våldet och vilka som gnäller. Visst, det är alltid intressant vem som vinner en fight. Men i dagens politiserade värld ligger tyvärr den riktiga fighten utanför ringen. Att våld i form av idrott blir allt mer populärt tack vare sådana som Conor McGregor är positivt. De ger unga någonting att sträva mot, till skillnad från Big Brother-deltagare som har genom sin lössläppthet fått sina fem minuter i TV-rutan.

Sedan ska man alltid komma ihåg. De som gnäller på att män lär sig hantera våld är oftast de som saknar viljan att försvara sig själva.

JOHAN SVENSSON
18 januari 2019

Hundar och deras namn (och ägare)

**Som hundägare har man möjlighet att träffa en hel del intressanta och färg-
starka andra hundägare. Johan Svensson funderar denna vecka över varför
folk döper sina hundar som de gör, och kommer med några roliga berättelser
från sitt liv som hundägare.**

– Kroken! Kroken, hit!

Den glada hunden med tungan hängandes ut i ett jätteflin har för mycket spring i
benen för att lyssna på husse just nu. Det finns ju så många träd att lukta på och
buskar att kissa i. Till sist kommer han galopperandes till sin något missnöjda hus-
se. Vadå jag är ju här nu, tycks Kroken skrattande säga. Husse märker att jag ser
något frågande ut.

– Jo, det var så att min son fick bestämma vad hunden skulle heta. Jag har alltid
velat ha hund men han är lite rädd för hundar så för att få honom att gå med på idén
fick han bestämma namnet.

Aha. Då fick man en förklaring på det. Många gånger har jag undrat vad som fått
folk att ge sina hundar de namn de bär. När jag själv skulle skaffa min första så
valde jag en omplaceringshund. Jag fick ju aldrig en hund som liten så det fick jag
ordna själv i vuxen ålder. "Det är aldrig för sent att ha en lycklig barndom", som
Berke Breathed låter karaktären Skipper John säga i sin fantastiska serie Opus. Jag
hade egentligen tänkt mig en fransk bulldog. En käck liten sällskapshund i praktiskt
format. Det blev kanske en något större hund än planerat. En rottweiler närmare
bestämt. Det går inte alltid som planerat – ibland går det bättre. Hon var helt fantas-
tisk och jag saknar henne faktiskt varje dag. Hur som helst satt jag hemma hos den
dåvarande ägaren som inte hade möjlighet att behålla henne. Vi satt vid köksbordet
och drack kaffe samtidigt som jag kliade det som skulle bli min hund bakom örat.

– Hon är jättefin, sa jag. Men du – jag vet ju faktiskt inte ens vad hon heter ännu?

Jag tänkte mig att hon skulle svara Olga eller Alice eller kanske rentav Greta. Hon såg ut lite grann som Greta Garbo ur vissa vinklar. Eller också var det bara något jag hade fått för mig. Zarah hade varit passande, efter Zarah Leander. Rottweiler är ju trots allt en tysk ras. Det var en stor och mycket vacker hund; smäcker för att vara en rottweiler och proportionerna var ovanligt fina. Hon såg ut som en drottning och förde sig som en sådan också. Säkerligen måste en sådan hund ha ett drottninglikt namn. Kanske Silvia?

– Tindra, svarar matten.

Jag tittade på henne över bordet. Tittade ner på den 40 kg tunga svarta och bruna hunden som satt med sitt stora huvud i mitt knä. Tittade tillbaka på henne.

– Vad fint, ljög jag så att tungan svartnade på mig.

Men det kändes grymt att byta namn på en hund. Hon kunde inte bo kvar hos sin matte som gjort allt för henne ända sedan hon var en valp och nu skulle hon följa med mig hem till en helt ny miljö. Skulle hundstackaren inte ens få behålla sitt namn? Så det fick bli Tindra. Mina systerdöttrar tyckte i alla fall att det var fint.

Det är dock inte det märkvärdigaste namnet på en rottweiler som jag varit med om. En julafton var jag ute och promenerade i ett friluftsområde med Tindra. Plötsligt kommer en annan rottweilertik springandes och de börjar jaga varandra och leka med en gång. Bakom hunden kom en man springande. Han var iförd en sådan där knallröd fodrad vinteroverall som Jula säljer för 400 kr och den matchade rödheten i ansiktet rätt så fint.

– Lilla My, ropade han! Hit!

När man tar med sin hund på kurser så träffar man många hundar med lattjo namn. När jag var på valpkurs för många år sedan träffade jag en medelålders man som hade en väldigt fin och snäll stor svart labrador. Jag frågade om jag fick hälsa på den och det gick förstås fint.

– Vad fin han är, sa jag. Vad heter han?

– Frank Andersson, svarade ägaren.

Aha, han hörde fel tänkte jag. Han trodde att jag frågade vad han hette och inte hunden. Så jag räcker fram handen och presenterar mig. Efter att vi skakat så försöker jag igen.

– Verkligen jättefin, upprepade jag. Vad heter han?

Ägaren tittade konstigt på mig.

– Det sa jag ju. Frank Andersson.

Ja milda makter. Då trillade jetongen ner. Den var faktiskt lite lik Frank Andersson.

Hundtränaren berättade en rolig historia om en annan valpkurs. När alla vara samlade dök den sista deltagaren upp. Det var en snubbe i 120-kiloklassen som var så täckt av tatueringar att han såg ut som en vandrande tapet. Med sig hade han en stor svart pitbull med nitar i halsbandet. Deltagarna slog sig ner i en ring och gick varvet runt och presenterade sig och sina hundar.

– Ja de her e änna Psycho då va, presenterade han hunden blygt, ovan som han var att tala inför stora grupper.

Alla tanter med sina pudlar och chihuahuahuahor (har ni tänkt på att det är ganska så lätt att börja stava chihuahua men nästan omöjligt att sluta?) var stela av skräck och förfäran. Men Psycho vann över dem. Han var kolugn. När de andra hundarna bjäbbade och skällde på varandra lade han sig och sov mellan övningarna.

I valpkursen skulle man byta hund med varandra i vissa övningar och Psychos husse hade stora svårigheter att få tanthundarna att göra som han ville och såg rätt vilsen ut där han blev kringledd av alla små hundar. Psycho däremot hade plåtkoll på läget, gjorde godmodigt som han blev tillsagd och tanterna slogs nästan om att få gulla med honom och ge Psycho godis.

Svärmor berättade en rolig historia om en bekant till dem som skaffade sig en jakthund. Det var en lite stökig familj och han hade haft en rätt bråkig uppväxt och en ansträngd relation till sina föräldrar. Han döpte hunden till Hasse. Det tyckte folk var lite märkligt för hans far hette Hans.

– Vad i helsike har du döpt hunden till Hasse för, frågade hans far surt?

– Jag tänkte att det skulle kunna passa, svarade sonen blitt. Han kanske blir en fyllehund som du?

Relationen med föräldrarna blev näppeligen mindre ansträng av det tilltaget.

Krokens husse och jag står kvar och pratar ett tag.

– Hade sonen några andra namn på gång? frågar jag.

– Om han hade, svarar han och suckar. Det ena mer obegripligt än det andra. Kroken var trots allt det bästa vi kunde enas om.

– Det är ju i alla fall ingen annan hund som heter så, tröstar jag. Det är unikt men märkligt könsneutralt när jag tänker på det.

– Det är jag tacksam för. Det var ett namn på en hanhund som vi kunde enas om.

– Var det säkert att det skulle bli en hane?

– Nä, uppfödaren visste inte om vi skulle kunna få en hane eller en tik. Men jag är oerhört glad över att vi fick en hanhund just med tanke på namn.

– Vad hade sonen för tiknamn då?, frågar jag nyfiket.

Krokens husse ger mig en trött blick.

– Kejsaren av Kina, svarar han tonlöst.

Tindra var faktiskt inte ett så dumt namn ändå.

JALLE HORN
19 januari 2019

Frödings uppror mot pryderiet

Gustaf Fröding är enligt mitt tycke den bästa svenska poeten vi har haft. Han har en sagolik förmåga att skapa klingande, välflytande och spänstig vers med ett starkt innehåll där orden laddas kaftfullt. Hemligheten, en av dem i alla fall, är att han får versen att kännas enkel och vardaglig, som vanligt tal, samtidigt som versen är vackert melodisk och ömsom stram, ömsom flödande.

Det som sägs kan kännas enkelt, fast egentligen bär orden på mycket betydelse vilket ger mycket tänkvärda dikter. Ett extremfall är nog dikten "Levnadsfärden" (den spar vi till en annan dag på arken). Det känns ibland som om dikterna bara har flutit ur Fröding, men bakom dikterna låg hårt arbete.

Dagens dikt är hämtad från diktsamlingen Stänk och flikar från 1896. Den mest kända dikten från samlingen är säkert "En morgondröm" eftersom den ledde till att Fröding åtalades för osedlighet. Dikten beskriver bland annat ett samlag i Ariens land. Det var förstås samlaget som låg bakom åtalet, fast idag skulle snarare orden "Ariens land" medföra åtal eller allmän smutskastning. Vår tids osedlighetsrotel är minst lika trångsynt som den tidens, ja säkert långt värre. Fröding vann i rätten, men många fördömde poeten för hans öppenhet. De flesta poeter stod dock på Frödings sida.

"En morgondröm" liksom flera andra dikter i samlingen visar på 1890-talsförfattarnas vilja att framhäva livsglädje, skönhet, fantasi, naturen o.d. Dagens dikt, "En flik av framtiden", gestaltar också öppenhet inför tillvarons naturliga och intima sidor. Här är det nakenhet och driftslivet som bejakas, mot allsköns pryderi och den "synd och skuld och tuktan" som den etablerade hållningen kräver.

Man ser framför sig upptågsbilderna från Sandhamn och Blå jungfrun som Fröding, Heidenstam m.fl. poserar på, men det var mest fråga om just upptåg och poser

99

i skön konstnärlig trots mot trista borgarbrackor. Frödings dikt går mycket djupare. Att låta solen smeka nakna hud när våren kommer är naturligt och livgivande. Skamfullheten skapar böjda nackar och krumma kroppar, utan stolthet och kraft. Det är givetvis en gnutta kritik mot kroppsfientlig kristendom men ii grunden ett utfall mot alla försök att hämma drifterna genom att belägga dem med skam och skuld.

Jag har alltid sett vår tids politiskt korrekta som pryda i den meningen. Sättet att få bukt med vanliga svenskar, att få dem att känna sig mindervärdiga är att ifrågasätta deras drifter, vare sig det rör sig om naturlig känsla för sitt eget folk, normal sexualitet, önskan om traditionell familj etcetera. Allt sådant rackar de ned på och gömmer hatet bakom ord som normkritik, rasism och liknande. De pratar om full öppenhet, men deras mål är stängda människor. Målet är att bakbinda naturen och driften i oss vanligt funtade människor så att vi så att säga går emot oss själva, blir osäkra, ostolta, lättstyrda och skamfulla. Vad de glömmer är att de muckar med själva naturen, själva moder jord, som plötligt utbrister i ett vulkanutbrott.

Frödings budskap är att svepa kraven på skuld åt sidan och njuta av naturligt liv, "när en lag du brutit / att en lycka fånga, / drick den ut i långa / djupa fulla drag." Det är min frödingska uppmaning till alla som bryter mot PK-normens krav på normkritik och självhat.

Låt 2020-talet bli det årtionde då svensken rätar ut sig, höjer sig och vinner makt och spira.

En flik av framtiden

Solen går mot Eden,
Eden är den stjärna,
dit den ljusa leden
solens vandring för,
jorden följer gärna
solens gång i spåren,
se, nu nalkas våren,
se, hur vintern dör.

Känn, hur livet sprides,
känn, hur kraften välter
hinderna till sides,
som oss fjärran band,
sekelisen smälter
i den höga norden,
nu styr sakta jorden
hem till Edens land.

Känn, hur etervågen
undansköljde allt, som
fult och lågt I sågen
i ert nakna kön,
se hur var gestalt, som
tungt i sjukdom böjt sig,
rätat ut och höjt sig
ung och stark och skön.

Väl, så kasten dräktens
fega blygdomhöljen
inför sommarfläktens
lek, som smeker hult,
det I ängsligt döljen
som ett skamfullt anat
lytes form är danat
ädelt oskuldsfullt.

Vill du guldskatt vinna,
väl, så samla skatten,
se, ditt guld skall rinna
rikligt ur din hand
som ett gyllne vatten,
sig i solsken byta
och med ljus omflyta
allt din kärleks land.

Vill du makt och ära,
vill du krans och spira,
allt din själ kan bära,
sök och välj och vinn,
kransen skall du vira
om ditt hår att sira
makten av den spira,
du har valt till din.

Följ var trotsig drift du
följde förr i fruktan,
fritt som lagens skrift du
såge sagd däri,
synd och skuld och tuktan
äro nu förgångna,
all den fordom fångna
livets kraft är fri.

Varje dryck i mulen
fordomstid du njutit
som en glädje stulen
från en pliktens dag,
när en lag du brutit
att en lycka fånga,
drick den ut i långa
djupa fulla drag.

EVA-MARIE OLSSON
20 januari 2019

Jag blev tafsad på och polisen kunde knappt gjort mindre

Efter att ha givit oss en rapport från motdemonstrationen i Skurup följer Eva-Marie här upp och berättar mer om hur hon blev kränkt och tafsad på av muslimernas funktionärer, för att sedan tvingas inse att svensk polis inte kunde bry sig mindre.

För tillfället, och låt det bli till en parantes, lever vi i ett splittrat och polariserat samhälle där främmande makts "ordningspoliser" gång på gång går över gränsen. Om ni inte redan visste det så reser "ordningspoliser" över vår landsgräns och flyttar in för att både hålla sina egna landsmän i örat, och när tillfälle ges, även knipsa oss ättlingar till vikingafolk.

Det jag nu kommer att berätta är sådant som jag långt ifrån är ensam om att ha råkat ut för. I den bästa av världar hade jag som svensk i Sverige sluppit att behöva bli konfronterad och attackerad av utländsk makt i form av shariapolis, samt ej heller smärtsamt få erfara att vår inhemska polismakt tydligt står på fiendesidan.

Det var så här. En stund efter att den där vansinnigt arga koranföljaren överfallit, attackerat mig och vandaliserat mitt egenhändigt tillverkade plakat ("Nej till Sharia"), blev jag tillsagd och hindrad av två personer från "Islamiska Förbundet i Malmö".

Två shariapoliser tog på mig, jo jag menar tog på mig. De kom tätt inpå och så hade jag plötsligt fyra utländska manliga muslimers händer på mig. Dessa två invandrade shariapoliser förbjöd mig att gå för att fotografera "deras kille". Det var då som svensk polis brutalt knep mig i armen då han kom till shariapolisernas hjälp. Att det rådde samarbete mellan av skattemedel avlönade svensk polismakt och "IslamiskaFörbundet i Malmö" råder det inga som helst tvivel om.

Om du som läser detta tror att du som svensk är viktig så måste jag sorgligt meddela att så är inte fallet längre, vårt folk kommer långt ner på maktelitens prioriteringslista. Jag har gått omkring och haft mina funderingar om det verkligen är så illa som man tror, och det är det. Svensk polismakt har intagit en ställning där andra går före, och det i ditt eget land.

Såklart var det en hemsk upplevelse att bli omringad av muslimska utländska män, och det i åsyn av svensk polis som inget gjorde för mig, utan precis tvärtom. Svensk polis + utländsk makt = samarbete. Det var ett svek utan dess like. Det tog en lång stund och efter enträget krav från mig innan polis bemödade sig om att ta upp en polisanmälan mot vad shariapoliserna gjorde mot mig.

Ponera att du har en högst ovillig kvinnlig polis vid din sida som irriterat och argt antecknar vad du har att säga. Jag tyckte då – som nu – att polisen skulle ta itu med de två personer jag pekade ut, alltså de som ofredade och tafsade på mig. Men nej, så jobbade inte utkommenderad polis på plats.

Poliskvinnan skrek åt mig då jag bad henne för en stund avbryta min polisanmälan för att istället passa på att ta uppgifter på de två muslimer som antastat mig. Jag såg nämligen att förberedde sig på att försvinna "hem" till Malmö. Nej och åter nej, hon valde att förhålla sig passiv: "Sluta nu, jag gör ju som du vill och tar upp en anmälan. Hur ska du ha det? Ska jag ta upp din anmälan eller inte?" Vad svarar man på det?

Jag får ju tillstå att poliskvinnans uppförande mot mig var omoget och barnsligt, skrika som en barnunge samtidigt som jag med all tydlighet såg och förstod vad hon sysslade med. Jag sa: "Du, jag förstår och ser vad du håller på med, medan du frågar mig och skriver så försvinner de jag polisanmäler och det är precis det du vill." Hon replikerade: "Hur ska du ha det? Nu får du sluta. Ska jag ta din anmälan eller inte?". "Skriv du för det är din skyldighet, men jag ser vad du håller på med", sa jag. Så var de två shariapoliserna borta, de hade rest till Malmö och ingen annan än jag brydde sig. Poliskvinnan stoppade ner sin handdator i fickan och gick de två stegen bort till sina kollegor och vände demonstrativt mig ryggen. Punkt.

Jag kan inte lova att detta inte händer mig igen, det är svårt att lyda shariapoliser när man inte är van vid det. Om inte fler protesterar och vid demokratiska val röstar fram andra sorters politiker som sätter svenskars väl främst, då tvingas våra barn och kommande generationer vänja sig vid underkastelse gentemot främmande makt. Tänk till lite, anser inte ni som jag att vi har våra förfäders strävan åt oss att förvalta? Vi är sprungna från vikingablod, det måste vi komma ihåg. Vi fortsätter vår strävan. Jag tackar min lyckliga stjärna att modiga personer gick i bräschen och bildade föreningen Det fria Sverige, ett andningshål tillsammans med gott kamratskap och inspirationskälla.

MAGNUS SÖDERMAN
21 januari 2019

Häpnadsväckande tyst från politikerna i bombernas Sverige

Nu smäller det så frekvent i Sverige att de olika tillfällena blandas ihop. Att vakna och läsa om ett sprängdåd får en inte att höja på ögonbrynen ens. Det som förvånar istället idag är politikernas bristande empati. Eller är den kanske bara förbehållen somliga? Eller står vi inför en helt ny situation?

Det finns en del klara minnesbilder då politiker på senare tid bemödat sig att "besöka verkligheten". Inte att de visat upp sig i någon folkpark, omgiven av sina beundrare. Nej, att de faktiskt besökt en plats i Sverige där saker och ting gått åt skogen. Visst kan man förstå dem till del. Det är ju inte så kul att se konsekvenserna av den politik man för, vilken leder till att det går åt skogen för folk i gemen. Antagligen finns Carl Bildts besök i Rinkeby kvar i minnet – ni minns kanske tillfället? Han var där tillsammans med någon ministerkollega (detta var samtidigt som "Lasermannen" härjade) och skulle visa handlingskraft. Det uppskattades inte. När sedan kollegan ville stämma upp i sång, närmare bestämt "We Shall Overcome", var det episka fejlet ett faktum. Ett annat minnesvärt ögonblick var när Ilmar Reepalu blev hotad då han spankulerade runt i Malmös sjaskigare delar tillsammans med Janne Josefsson. Allt fångades på film.

Med det inte sagt att politiker inte visar upp sig. Men de väljer sina tillfällen, vilka säger en hel del om vad som gäller. Exempelvis är det populärt med kippavandring i offentligheten. Den judiska minoriteten drar folk och så klart vill politikerna visa sitt stöd till dem. Att få Sveriges toppolitiker att delta är inget större problem.

Att besöka moskéer gillar man också att göra. Avgående V-ledaren Jonas Sjöstedt hälsade på i Stockholms moské 2016 vilket fick moskédirektören att utbrista:

"Sverige har varit ett föregångsland i en normalisering av förbindelserna med islamisterna, både på gräsrotsnivå genom officiella kontakter med det civila samhällets organisationer och islamiska institutioner som är kända för att tillhöra det Muslimska brödraskapets ideologiska skola".

Efter Anton Lundin Petterssons skolattack i Trollhättan så var Stefan Löfven snabbt på plats och visade upp sig. Han passade på att mumla några ord om "avståndstagande" och "solidaritet". Sammalunda efter terrorattacken i Stockholm. Nej, han gick inte ut timmarna efter för att ingjuta mod i befolkningen, men han var med på minnesstunden några dagar senare.

Oftast brukar politikerna dock nöja sig med att fördöma. Det är enklare än att behöva röra på sig så dylikt sker mer frekvent. Med fördel kan det göras via Twitter eller Facebook och det känns alltid lika slentrian ... eftersom att det är det. Inte ens en hastigt inkallad extra pressträff eller något liknande ett tal till nationen orkar de bjuda på numera.

Minnas när det brann i moskén i ... var det nu var ... och Löfven fördömde detta rasistdåd direkt. Det visade sig dock inte vara något sådant. Det var muselmanerna själva som missat att läsa instruktionen till fritösen i köket. Men fördömde gjorde han, i klara verba.

Mönstret som är uppenbart är att i somliga fall är det viktigt att visa upp sig och fördöma. I de fall då man talar till "de utsatta minoriteterna". Om muslimer eller judar eller romer eller enbenta-lesbiska-kvinnor-födda-i-fel-kropp-med-laktosintolerans-och-självvald-påtvingad-barnlöshet-samt-klimatångest utsätts för en verklig (eller påhittad) kränkning så rider man ut till deras försvar. Är det däremot en medlem av den svenska majoriteten som drabbas så kniper man käft.

Betänker vi senare tids sprängningar i Sverige kan man fråga sig varför Stefan Löfven inte gör mer för att visa att han tar kontrollen. Samma fråga kan riktas till oppositionen. Det stämmer nämligen inte in i mönstret. Han borde flänga runt i förorterna, se statsmannamässig ut, nicka medlidande och uttrycka att han agerar. Han borde kalla till presskonferenser, sätta Sverige i stabsläge och samla alla för att knäcka ryggen på brottsligheten.

I brist på att han gör det borde oppositionen göra det. Varför är inte Åkesson i förorterna och pratar med sina utländska väljare. Vi vet att ett växande segment "skötsamma invandrare" (skall läsas med småländsk dialekt) faktiskt graviterar mot Sverigedemokraterna. Varför glider inte Kristersson kring på Östermalm och lovar hårda tag? Det är uppseendeväckande tyst.

Det kan inte bero på att det är "fel" offer. Framförallt sker ju dessa dåd i områden där mångkulturen frodas. Att politiker i gemen inte bryr sig om svenska offer vet vi, men har de slutat bry sig om också de "nysvenska" som drabbas?

Det verkar ju inte bättre. Jag tror personligen att man å ena sidan inte riktigt begripit ännu – att man inte insett vidden och djupet av den samhällskatastrof vi befinner oss på tröskeln till. Ja, det är ett starkt ord, men lämpligt. Å andra sidan är man trött på det hela, man orkar inte bry sig helt enkelt. Kanske lite som en tränare för ett lag som ligger under med 20 – 0 med några minuter kvar att spela. Då kan det vara lätt att sjunka ihop på bänken och skita i vilket. Tankarna går snarare till hur vederbörande ska kunna behålla jobbet: "Vad ska jag säga till klubben så att jag inte får sparken" hellre än "hur ska jag motivera gubbarna att kämpa in i det sista?".

Att det till syvende och sist faktiskt är tränarens fel (överfört till Sverige således politikernas fel) vill man inte kännas vid. Vi brukar prata om politikerförakt. I det här fallet kan vi prata om politikers folkförakt. Jag kan tänka mig att S-topparna internt anser att svenskarna kan dra åt helvete. Vill de inte ha S-politik så är de dummare än tåget och får vad de förtjänar.

Sjuklövern ser hur SD vinner mark. "Fan ta svenskarna och fan ta de utlänningar som stämmer in i SDs kritik" utbrister man unisont. SD själva vet nog inte vilken fot de ska stå på, vilket inte är helt ovanligt.

Det måste vara något sådant. För oss som tittar på det som sker utifrån är politikernas reaktioner nämligen helt overkliga. Det finns inget rim och reson i hur de hanterar (inte hanterar) det som sker. Det återstår att se om de snäpper upp sig. Gör de inte det så uppstår ett vakuum i samhället. Om staten drar sig undan så kommer något annat träda in i dess ställe, till en början i det lilla, sedan i det stora. Så är det. Det vi kan göra är att se till att ha ett vettigt alternativ som kan träda in, ett alternativ som sätter Sverige och svenskarna främst.

JALLE HORN
22 januari 2019

Återställning av steriliseringsoperationer – ett moraliskt dilemma av vikt

En Svegotartikel i förra veckan berättade att återställning efter steriliseringsoperationer inte längre görs gratis av Karolinska sjukhuset i Huddinge. Män som har stått i operationskön blir förtvivlade av beskedet. Vad kan man dra för moraliska slutsatser av den något bisarra nyheten?

En av många roliga Berglinstrippar (serietecknaren Berglin alltså) inleder med att undra varför man måste ha ett personbevis med sig när man ska sterilisera sig. När sjuksyrran ropar upp Malte svarar en person i väntrummet: "Eh… brorsan fick ett knäck i Malmö. Jag är här i hans ställe."

När det skrevs för halvannat decennium sedan var det inga problem att med skojfriskt och snillrikt sinnelag skämta om t.ex. steriliseringar. Nu får man nog, om man drar en dylik vits, transgänget och hela tycka-synd-om-ligan på sig snarast och med dem hela PK-paketet.

För att utmana ödet ser jag följande humoristiska bild framför mig (tyvärr i ord eftersom jag inte kan teckna ens en snögubbe). Som inför ett hallelujamöte á la 2015 står progressiva, klimaträddande steriliseringssugna män i lång kö utanför kliniken. Där säger en till en annan: "I klimatets namn har jag tagit ett underbart beslut". I en annan rad lunkar dem som har blivit återställda i kö ut från kliniken. Där säger en nisse: "Ä, det var inte min grej, liksom, men jag gjorde i alla fall en insats för … ja nåt viktigt."

Svegotartikeln berättar att antalet steriliseringsoperationer har ökat på sistone – en politisk trend kallar vissa det för, säkert med rätta – liksom därmed antalet som ångrar sig och vill återställa ingreppet. De flesta av oss är förundrade över den möjligheten, men tydligen lyckas ca 50 procent av alla återställda skapa barn igen. Fast operationen är komplicerad och därmed mycket dyr (till skillnad från steriliseringen som är enkel och billig att utföra), varför den på de flesta kliniker kostar en rejäl slant för patienten, ca 40 000 kronor. På Karolinska sjukhuset i Huddinge har det dock varit gratis länge, tills nyligen eftersom sjukhuset nu har tagit bort den sortens operationer från sitt utbud.

Därmed har de ångerfulla som stått i kö fått ett negativt besked i brevlådan. Det är inte gratis för dem längre. SVT har intervjuat en person, som berättar hur han reagerade på beskedet. Han bara grät under veckans gång, och tyckte att allt var jättejobbigt.

Men jag tycker inte synd om den mannen, hur mycket han än gråter. Ty ett beslut är ett beslut. Inför steriliseringsoperationen måste "patienten" rent av skriva under på att att man gått med på att ingreppet är oåterkalleligt, även om det tydligen inte stämmer. Men den intervjuade tycks mena att ett beslut inte borde vara ett beslut. Eller att en handling inte riktigt borde vara en handling. Och när SVT gör snyft-reportage ska svenskarna, åtminstone dem som inte är en gnutta hårdhudade, lipa med, tycka att det hela är orättvist och därmed stämma in i idén att beslut inte är ett beslut, att handlingar inte är handlingar. Här har vi ett moraliskt dilemma av den högre digniteten. Och det är ett mycket stort problem i vår tid. För det gör oss svaga och dåliga. Och på ett sätt värdelösa – eftersom vi därmed blir morallösa, utan moral.

Moralfilosofin har sin grund i just handlingar. Vilka egenskaper behöver jag för att genomföra en särskild handling (till exempel mod i strid)? Vad har jag för plikt att genomföra en viss handling? Vad får mina handlingar för konsekvenser? Och så vidare.

Större handlingar kräver beslut av individen. I princip gäller det alla handlingar, men genom instinkter och uppövning görs de flesta handlingar automatiskt. Många moralfilosofer ser det som ett ideal, att man lyckas göra de flesta besluten inför en handling till något instinktivt. Om jag ser en människa i nöd bör jag vara moraliskt tränad att instinktivt ge mig in i handlingen för att hjälpa personen, d.v.s. inte över-lägga och så småningom ta ett beslut när personen redan har drunknat.

Men låt oss hålla oss till själva beslutsfattandet. När det gäller steriliseringar är det ju något som man funderar över innan man genomför det. Man gör en överlägg-ning, vilket mynnar ut i ett beslut, vilket man sedan omsätter i en handling. Vad händer då om man kan dra tillbaka ett beslut? Det är ju skönt, tycker många, t.ex. om det var ett dåligt beslut eller om man inte riktigt kan bestämma sig och då får möjligheten att välja om (t.ex. öppet köp). Eller i viktigare fall, t.ex. om man steri-liserat sig och ångrar beslutet.

Det innebär en värld av öppna möjligheter. Du kan hela tiden ångra dina beslut och handlingar. Men är det en bra värld? Är den befolkad av bra människor? Knappast!

Istället för att göra tillvaron tryggare blir den faktiskt osäkrare. Ty i en värld av idel öppna möjligheter inbillar vi oss att vi kan ta ett nytt beslut minuten efter eller att handlingen vi genomförde inte betyder något eftersom den så att säga kan upphävas.

Ur en optimistisk synvinkel skulle det innebära människans slutgiltiga triumf över naturen och tiden, ja hela tillvaron. Hon skulle hela tiden kunna korrigera dåliga beslut och ovälkomna handlingar. Fast där är vi tack och lov inte än. Låt oss därför hålla oss till vår nuvarande värld. I ordet "beslut" finns ordet "sluta", i betydelsen "stänga" och "slut/ände". Att ta ett beslut innebär att just stänga handlingsmöjligheterna.

När du väl har gjort det inträder ett behagligt lugn; ett beslut är fattat och man kan lägga överläggandet, som kan vara jobbigt, bakom sig. Man låter därmed handlingen vara (eller bli) en handling. Man lär sig leva med beslutet och handlingen ifråga, man godtar händelsen, man finner sig till rätta, vare sig det var ett bra eller dåligt beslut. Man blir kort och gott säkrare i tillvaron, säkrare på sin egen förmåga och roll samt säkrare på sin omgivning (eftersom det i de flesta handlingar ingår flera personer). Man är stark.

Oftast är det en sådan person som tjänar på när möjligheterna ändå står öppna, t.ex. vid öppet köp av en vara. Han eller hon inser snabbt att ett byte av varan vore det bästa medan osäkra personer velar och tänker i trettioelva olika möjligheter. Exemplet är kanske lite väl alldagligt, men det kan utökas till mer intrikata fall. En säker person inser t.ex. snabbt om han eller hon passar för sitt jobb och byter när han finner det lämpligt. Osäkra personer väntar och väntar, kanske hela livet.

I en värld med många öppna möjligheter (och människor som är funtade så) är således tillvaron otryggare, osäkrare, nervösare m.m. Jag vet inte riktigt vad en handling innebär om det bara är en kvasihandling, jag vet inte om den står fast, om den gäller, om den är (slut)giltig. Människor kommer inte att veta vilket beslut som är bra, och de kommer kanske inte att genomföra handlingar när de måste eller bör göras. Och de kommer inte riktigt att veta hur de ska reagera i olika situationer. Samtidigt kommer de att tro att de inte gör några felaktiga beslut eller dåliga handlingar. Därmed blir det också svårt att bestraffa dem som faktiskt gjort dåliga handlingar. Och när beslut och handlingar visar sig vara definitiva bara gråter personerna. Sådana personer är svaga.

Ett problem med vår tids Sverige är att vi lever i en värld som är ganska öppen när det gäller frågor kring beslut och handlingar. Steriliseringsfenomenet ställer saken på sin spets: att man över huvud taget gör återställningsoperationer, att de är gratis (tills pengarna sinat), att statsmedia gör snyftreportage som lockar oss att ifrågasätta definitiva beslut o.s.v.

Det är ett slags låtsasvärld där ingenting är allvarligt, där få saker verkligen betyder något, en postmodernistisk värld. Jag kan sterilisera mig ena sekunden för att dagen efter ångra det. Och det är lite av en trend att göra det. Sterilisering kan tyckas vara ett extremt exempel, men det är faktiskt bara ett i mängden. Stefan Löfvén ropar att inga murar ska byggas i Sverige för att i nästa ögonblick bygga dem. En tokdonna visar stjärten i riks-TV och ropar glåpord om Jimmie Åkesson. Vad tycker velige Ulf Kristersson om någonting egentligen? Saker som sägs och görs inför hela folket borde betyda något ståndfast men tycks inte göra det.

Vilka är reaktionerna hos människorna i stort i samhället när tusentals svenskar – allt från barn till gamlingar – dagligen får ta fruktansvärda smällar p.g.a. den förda politiken, främst invandrarpolitiken förstås men även inom många andra områden? Nej, just det, människor vet inte hur de ska reagera eller agera. Och politikerna själva? Ja, de tänker att de kan trixa med alla politiska beslut, att de kan justera allt, att beslut de tagit kan återkallas eller ändras så att det blir bra i längden. Se på Löfvén, Ygeman, Shekarabi, Magdalena Andersson, Hultqvist, Morgan Johansson och hela hästhandlargänget. De säger och gör en sak ena sekunden för att nästa mena något helt annat.

Det är en värld där moral inte längre gäller, utan en värld där tal och handlingar går på tomgång, där inga beslut riktigt gäller. Som så mycket annat måste vi individer börja i det lilla för att reparera den här trasiga världen som kallas Sverige. Vi måste öva oss på att vara mer principfasta och låta beslut gälla i vår lilla värld, i familjen, vänner emellan, inför oss själva. Känna oss tillfreds med händelsernas gång vi själva har satt oss i. Och inse att vissa beslut är oåterkalleliga – eller bör vara det vad än tekniken kan göra för mirakel.

Om problemen hopar sig p.g.a. beslut och handlingar vi gjort, då kan vi givetvis göra om, söka bot eller förlåtelse eller vad det nu kan röra sig om. Men då krävs insikt och bekännelse (åtminstone inför sig själv) att man har gjort fel val, att man inte dög till, att man var förbannat klantig eller vad det nu var som hände. Man får ta tjuren vid hornen.

All moralisk upprustning börjar med lite jävlar anamma.

LUDVIG DELIN
22 januari 2019

Obehagliga men nödvändiga vanor

Sprängningar. Bomber och granater. Utblåsta fönsterrutor och trasiga loft-gångar. Ord som vi numer kan läsa varje dag. Och det smyger sig redan på. Det där man varnar alla andra för. Vanan.

Jag har nu arbetat på Svegots redaktion i nästan tre veckor. Visst kan mycket skrivas om hur det är här och hur jag trivs samt all annan trevlig bullshit man förväntas skriva till alla er som läser. Men det är med en djup känsla av hat jag faktiskt fattar pennan en mörk kväll i januari. Varje dag när jag sänder radio, skriver artiklar eller bara att jag kollar på min telefon sådär i smyg som man gör, så är de där. Dessa sprängningar. Hela kvarter ödeläggs, politiker rynkar bekymrat pannan och poliser som ser ut som fån när de ska förklara varför det är som det är.

Varje dag har jag behövt läsa, prata och skriva om de nya bomberna, dåliga ur-säkter och hur någon borde göra något. Och jag kommer till sanning att det har faktiskt redan hänt. Jag har vant mig. Jag har vant mig vid explosioner på öppen gata, i trappuppgångar och i bostadsområden. Det har, sorgligt nog, blivit normalt i Sverige. Nog för att man känner sig uppgiven när man inser att vansinne är ett nytt normaltillstånd så blir det tyvärr knappast bättre när man lägger till skyhög våld-täktsstatistik och hur Sverige är det "bästa" landet att råna äldre och barn i.

Varningens klocka har ringt länge nog

Nationalister och dissidenter har under årtionden förutspått den här avvecklingen av rättsstaten, man har varnat och varnat svenska folket genom otaliga kanaler. Den här utvecklingen har varit förutbestämd sedan innan min födsel. Och då menar jag inte att allt är någon form av konspiration nu, utan att vi skördar frukten av de be-slut som föregående generationer tog. Visst, jag har haft detta i åtanke i större delen av mitt liv, men att ständigt behöva vänja sig vid den senaste avskyvärda trenden i den moderna världen kan göra vem som helst matt och uppgiven.

Men då slår det mig som en rapp högerkrok. Vana är inte alltid negativt. Att vi vänjer oss vid detta innebär att vi, medvetet eller ej, förbereder oss på än hårdare tider. Svårigheter tenderar att stärka och det är så vi måste se detta. Kan det faktiskt vara så att det är mer än lägenheterna som sprängs? Förhoppningsvis sprängs även Svenssons tilltro till den här svenskfientliga regimen som har misslyckats med allt den har tagit sig för. För den hårda och bitvis bistra verkligheten är att det svenska folket har haft möjlighet efter möjlighet att vända den här skutan vi alla sitter i, mot en betydlig bättre kurs. Då kanske det är rädslan för Sverige ABs nybyggare och dess bomber som puttar fler åt vårt håll.

Ett förtydligande
Nej, jag skriver inte att sprängningarna är något positivt. Men jag skriver att vi som nationalister, opinionsbildare, sverigevänner, dissidenter och normalt sunt folk ska se de få positiva bieffekterna sprängningarna orsakar. För stirrar vi för långt ned i avgrunden så kommer vi fastna där. Bättre då att faktiskt få in vanan att lägga sitt eget krut där det gör nytta istället.

Efter sprängningar blir det bara mer talande att vi faktiskt är män bland ruinerna.

EVA-MARIE OLSSON
23 januari 2019

Hur du behandlar djur säger det mesta om den du är

De allra flesta av oss svenskar är tålmodiga, det är inte ofta vi visar humör eller tappar fattningen utan vi lunkar på och är lugna och fina, tills. Tills någon gör något djur illa. Om någon eller några gör djur illa då kokar det på sociala medier och näst intill lynchstämning råder. Glömt är skattetrycket, skamligt låga pensioner, till och med "klimathotet" kommer i skymundan.

Som sagt, något av det som berör oss alldeles mest är när djur far illa, om någon missköter eller misshandlar djur, då går svensken formligen i taket. Det är så vi är, våra känslor för både stora och för väldigt små djur är något vi fått med modersmjölken. Visst minns vi väl kärleksfulla förmaningar i barndomen om att klappa hunden fint och att inte dra katten i svansen, för gör vi något ont mot våra djur så blir de ledsna.

Hur gör vi då när barnen vill ha ett sött litet djur. Att köpa ett levande djur är behäftat med ansvar, är man villig att fullt ut att ta hand om en liten varelse som är beroende av oss för sitt liv och välbefinnande? Eller ska man stå över? Ibland går det inte till riktigt så utan djur kommer till oss på ett eller annat sätt. När dottern var fem år hittade hon på sommaren en svart liten gullig kanin nere vid bäcken på landet. Och som brukligt var där i sommarstugeområdet skrev och satte man en lapp i kiosken om vad man precis hittat, eller tappat bort.

Den kaninen hade vi i tio år. När Pelle (kaninen fick heta så) miljoner kramar och kärleksbetygelser senare drog sin sista suck en sommarmorgon var det en sorgens dag. Sedermera och under högtidliga former begravd i trädgården på en kudde sydd på syslöjden. Vila i frid, kompis! Det är ju så det är, man fäster sig vid sina djur och när den dagen kommer man inte vill ska komma då visar vi vördnad i döden och tar hissen ner med den där neontetran som inte simmar mer och som får sista vilan någon decimeter ner i gräsmattan under köksfönstret.

Sen har vi det med det andra, om de där andra som inte alls har känslor för djuren. Vissa händelser minns vi så väl, det kan vara självupplevda eller något vi fått berättat för oss. Jag kommer nu att ge er några "djuriska" berättelser som hänt och som varken jag eller andra kan glömma, de har etsat sig fast. I vår kultur glömmer vi inte och ej heller förlåter vi den som plågat djur. Minns en gång för länge sedan då en av mina morbröder berättade om en man i en nordskånsk ort hemmavid honom som gick under öknamnet "paddeplågaren". Grymheterna hade utspelat sig under barndomen och fastän det hade gått lång tid och alla som var med då på den tiden numera var vuxna män och kvinnor så gick det inte att glömma honom som fann nöje med att plåga paddor. "Paddeplågaren" fick han heta och det med all rätt.

En annan sådan där hemsk berättelse fick jag höra på jobb, och det är nu över 30 år sedan det hände men som jag alltid kommer att minnas med vämjelse. Min kollega och hennes familj hade för sitt arbete en period bott i Indonesien, man var där med familjen. Gästarbetare bodde i camps och kutym i landet var att man skulle ha inhemsk trädgårdsmästare anställd för att ta hand om lite av varje. De västerländska gästarbetarnas barn lekte som de brukade göra om dagarna, och denna dag som jag vill berätta om stod de vid en buske och fascinerat tittade på en stor grön syrsa.

Trädgårdsmästaren blev nyfiken och gick dit för att ta reda på vad barnen med stora ögon tittade på där i busken. Nu såg han, och det han sen tog sig för gjorde han för att vara snäll, på sitt sätt. Med van hand tog han tag i syrsan, och bröt snabbt av benen på den. Syrsan sattes tillbaka i busken så att barnen nu kunde titta länge på den för den kunde inte längre hoppa undan. Där satt det stympade djuret och gjorde rörelser med munnen som om den skrek, men inget ljud hördes. Däremot gallskrek barnen och sprang hem i chock, resten av tiden i utlandet blev trädgårdsmästaren en av barnen hatad man.

Något som verkligen rört upp våra känslor och skapat avsky på senare tid är den dokumenterade vanskötseln av jakar i Sverige på en gård vid Pålsboda. Länsstyrelsen i Örebro gav sin dom i ärendet, jag citerar sydnärkenytt.se: "I djurskyddslagen finns en nödutgång för den som försummat sina djur – om myndigheten inte tror att misskötseln kommer upprepas kan man slippa förbud. Men det gäller inte för 38-åringen. Även om beslutet överklagas gäller det direkt och tills vidare."

Denna man som borde förstått att djuren i hans omsorg behövde mat och vatten har fortsatt sin bana som plågare, fast numera genom att som maktens hantlangare tysta och psykiskt plåga oliktänkande. Att låta djur dö svältdöden är oförlåtligt och borde vara icke meriterande för att tjäna makten. Men nu är det som det är med den saken och de styrande i vårt land frotterar sig villigt med jakplågare "för den goda sakens skull", men huruvida paddeplågare åtnjuter samma lena behandling och skattepengaregn därav förtäljer inte historien. Den som lever får se.

KRISTOFFER HUGIN
24 januari 2019

Förändringen ligger i dina egna händer

Många av oss i dessa tider är trasiga människor, påverkade av det moderna samhället och dess stress och press. Men vi ska absolut inte se oss själva som offer. Vi ska i stället bli bättre och starkare människor. Förändringen börjar med dig.

Jag gör själv inte anspråk på att vara en färdig eller fulländad person. Även jag har mina egna demoner som jag försöker bekämpa, men det tar tid. Det är dock inte frågan om början och slut, utan det är en process. Resan är halva nöjet, som talesättet lyder.

Vad som gör att nationalister lägger så stor vikt vid självförbättring handlar i grund och botten om att vi vill ha ett starkt folk. Vänstermänniskor skyr i motsats självförbättring och tycker att alla duger som de är. Varför?

Självförbättring är jobbigt, man måste anstränga sig och arbeta både länge och målmedvetet. Att omfamna sina svagheter är den enkla och bekväma vägen när samhället tar hand om dig. Människor som blir starka blir mindre beroende av samhället och kommer därför bli höger och inte vilja stödja progressiv politik. Se detta i kontrast till inställningen att "någon annan" ska genomföra den förändring man vill se. Något som tyvärr är alltför vanligt i dagens Sverige. Jag är absolut ingen guru men vill bidra med lite vägvisning för den som behöver någonstans att börja. Alla områden hänger dessutom mer eller mindre ihop med varandra.

Fysisk styrka

Att ha fysisk styrka är viktigt av flera orsaker, i synnerhet om du är man. Dels blir kroppen mer tålig på ålderns höst och du minskar risken för fysiska åkommor såsom ryggbesvär. Dels ger en god fysik fördelar i sociala och i sexuella sammanhang. Vältränade människor är generellt helt enkelt mer attraktiva.

Men inte bara detta – du orkar mer fysiskt arbete och du får en bättre försvarsberedskap. Med andra ord, du ökar ditt våldskapital med muskelbyggnad.

Den träning du lägger ner på att bygga upp din kropp ger dig dessutom ett psykiskt välbefinnande. Endorfiner frigörs av ansträngning och din testosteronnivå ökar, bägge viktiga för välmående och prestationsförmåga.

Detta gäller dock inte enbart muskelstyrka – kondition är också viktigt. Har du ett bra flås så orkar du mer.

Mental styrka

Med mental styrka så menar jag psykiskt välmående. Många inom den nationella sfären lider tyvärr av olika former av psykisk ohälsa, sannolikt inte sällan beroende på att det moderna samhället gör oss sjuka.

Vi är ju dessutom inte ensamma om den saken vilket nyligen visat sig i det faktum att 10% av befolkningen går på "lyckopiller". Om det föreligger en felmatchning mellan mentalitet och omgivning kan det leda till stress, depression och till och med att man går in i väggen. Ett utmärkt sätt att hantera detta på ett gynnsamt sätt är att ändra sin mentala inställning, huvudsakligen inför sina egna känsloreaktioner.

Har man lättare problem går dessa att komma över på egen hand genom att använda ett stoiskt tankesätt. Acceptera att saker och ting är som de är, identifiera vad du kan eller inte kan påverka. Sätt upp mål. Sträva mot att uppnå dem.

Har man svårare problem kan terapi eller psykolog bli nödvändigt, i vissa fall även i kombination med medicinering. Men sträva mot att bli mer välmående, inte mot att bara bli fungerande som är fallet med lyckopiller. Dessa gör dig inte lycklig, bara mer avtrubbad. Kombinerar du en aktiv strävan mot mental styrka i kombination med fysisk styrka så har du en bra kombination.

Äta rätt

Människor som mår psykiskt dåligt tenderar att även äta dåligt och detta leder till en dålig fysik. För både din fysiska och psykiska hälsas skull bör du därför tänka på vad du stoppar i dig.

Undvik halvfabrikat, snabbmat och överdrivet mycket kolhydrater. Skippa läsk under vardagarna, godis likaså. Dra ner på alkohol. Ät inte heller för mycket, men glöm inte att njuta vid särskilda tillfällen.

Jag förespråkar inte att någon ska skippa allt som sätter guldkant på vardagen eller leva på svältdieter, men du bör vara medveten om du har osunda vanor som är destruktiva för dig. Och sedan givetvis ändra din kost därefter. Planera dina middagar och inköp av råvaror.

Självinsikt

Det viktigaste att börja med innan du identifierar vad du bör arbeta på är självinsikt. Det är till och med A och O. Om du inte vet vad du gör fel så vet du inte heller vad du bör förändra, då ser du bara de negativa konsekvenserna. Känner du att du är helt ute och cyklar, rådfråga gärna någon med kunskap inom sitt område. Det finns gott om kunniga människor inom vår sfär som gärna bidrar med hjälp.

När du väl fått insikt, sätt upp ett mål, gärna ett ideal. Detta kompletterar du sedan med delmål på vägen som är inom räckhåll. Sedan börjar processen mot ett bättre och mer välmående jag.

Lycka till!

JOHAN SVENSSON
25 januari 2019

Mat med svårighetsgrad

Många har ett, ska vi säga komplicerat förhållningssätt till mat nu för tiden. Det är glutenallergisk här och laktosintolerant där, det är sojamjölk och nötallergier och sojakorvar till Johans stora förtret. Trots att han givetvis (ibland) förstår att många faktiskt är allergiska ser han att det verkar gå en trend genom samhället där man tävlar i mest avancerad mathållning. Detta duger inte, låter Johan hälsa. Om inte annat på grund av Kina.

Jag är så oerhört trött på folks idiotiska inställning till mat. Varenda kotte är ju allergisk mot något nu för tiden. Jag kan inte äta bröd, jag är minsann gluuutenintoleraaant, bräker var och varannan människa i det nuvarande året. Min tolerans mot glutensimulanterna är minst sagt begränsad. Håll truten, ät gluten.

Européer som har fått för sig att de inte tål mjölkprodukter tycker jag ska utsättas för omfattande tester av ett nytt rasbiologiskt institut. Vi européer, speciellt skandinaver, tål mjölk punkt slut. Vi har levt i symbios med våra djur så länge att vi har utvecklat inte bara en tolerans utan även en sund uppskattning av mjölkprodukter och deras fantastiska näringssammansättning. Vad är det för suspekt genetiskt bagage man bär på om man inte kan dricka ett glas mjölk utan att låsa in sig på muggen i ett dygn?

Och nötter. Herrejösses, hur livskraftigt är ditt DNA om du blir golvad av att någon öppnar en nötförpackning i din närhet? Det är ert fel att jag inte får jordnötter på flygen längre, utan urtråkiga dammtorra salta pinnar till min flygöl. Kan inte alla ni nötvägrare chartra egna plan där ni sitter och suger på ert torra gamla bröd och är bittra ihop?

Ja, kära läsare, jag hör illvrålen från er. ”Jag är minsann allergisk på riktigt”, ”min mammas mosters man tål faktiskt inte jordnötter och han är jättesnäll”, ”jag dör av en limpsmörgås" och så vidare och ja visst det kan ju finnas enstaka individer som faktiskt inte tål olika födoämnen. Ni är vekare än oss andra men det kan ju inte ni rå för. Men även ni måste väl hålla med om att denna lavinartade ökning av ätstörningar under de senaste åren är enormt suspekt?

Alla dessa fobier och nojor kring mat har gett upphov till gigantiska industrier som producerar livsmedel som imiterar de livsmedel folk inte vill äta och dricka. Läs det där en gång till. Varför i hela friden vill man äta något som man säger att man inte vill äta?

Radio bubb.la rapporterar att försäljningen av havremjölk har ökat med 636 % mellan 2018 och 2019, alltså på ett enda år. I Sverige har vi de kinesiska företaget Oatly som siktar på att slå ut vår inhemska mjölkproduktion bara för att folk vill härma alla bögiga hipsters på Södermalm, Haga och Möllan som ska bojkotta mjölk av ytterst oklara och misstänkt lugubra skäl. Låt mig göra en sak klar: jag bryr mig inte om du är laktosintolerant. Om du köper produkter av Oatly ses vi i Finspång. Mer behöver jag inte säga. Du är då en landsförrädare.

Jag vet inte om ni har provat sojamjölk, kära läsare, men det har jag. Det smakar kiss. Surt kiss. Min vän P har massvis med ätstörningar. Gluten, laktos, kött, med mera; you name it – she won't eat it. Hon skulle bevisa för mig att sojalatte minsann är lika gott som en vanlig kaffe latte. Jag lät mig övertalas och hon fick bjuda mig på en när vi var ute och fikade. Det är lömskt som fan. En snabb okulärbesiktning avslöjar inget; det ser ut som mjölk med skum och allt. Ett doftprov ger vid handen att det mycket väl kan röra sig om en vanlig kaffe med mjölk. Så jag tog en klunk. Och frustade upp den. I hennes kaffemugg. Inte min egen som jag höll i. "Vafangöru", skrek P argsint. Ok, det var inte den mest rationella av lösningar men jag fick panik. Smakprovet visade bortom alla rimliga tvivel att det inte kunde röra sig om mjölk. Jag fick ställa mig i kö och köpa nytt fika åt oss.

Sojaprodukter ska ni ge blanka faderittan i förresten. Om ni är kvinnor: drick mjölk och ät kött. Sojabönor är djurfoder. Drick djurens mjölk och ät deras kött istället. Om ni är män: sojaprodukter minskar ert testosteron. Ät det inte, drick det inte. Drick mjölk, ät kött.

Apropå storindustrier som producerar livsmedel som imiterar den mat som folk inte vill äta: sojakorv. Vem i hela glödheta Hälsingland kom på sojakorv? Det smakar mjöl och salt och skiten är omöjlig att både grilla och steka. En sekund för länge i pannan och den blir bränd. Lägg den på grillen och den blir skoningslöst förkolnad och torr. Lägg det därefter i ett bröd och känn testosteronen sugas ut ur kroppen när du knaprar på din "korv". En alkoholfri öl till det kanske? Sedan ett glas varm havremjölk och bums i säng med favoritnallen kl 20 så kan du drömma om att vara en man, för du är det banne mig inte.

Allt hat och hets mot kolhydrater gör mig lika förbannad. Om jag hör en till fitness-fjolla nasalt förkunna att man inte ska äta potatis ska jag banne mig trycka upp en bakpotatis storlek atlantångare i ändalykten på vederbörande. Det är klart att man inte ska ligga still hemma på soffan om kvällarna och moffa potatischips men om du seriöst nojar över lite kokt färskpotatis till den grillade karrén jag bjuder på så är du aldrig, upprepar aldrig, välkommen hem till mig på middag igen. Och nej, du dör inte av en skål pasta om du är byggd som en normal vettig person. Jag blir en aggressiv potatisgris om folk yrar om LCHF och GI.

Det finns gott om forum på internet där folk kan hänge sig åt sina ätstörningar i grupp. Man koketterar med att man inte tål det ena, inte tål det andra och att man har sååå bra koll på nutrition. Folk sitter alltså och diskuterar om hur man på lämpligast sätt komponerar sin middag för att maximera upptagningen genom tarmväggen. Ursäkta mig, men om du sitter och pysslar med sådant så har du på tok för mycket fritid. Alla de här människorna borde sättas på vatten och bröd, helst Hönökaka, för att bryta sin osunda relation till födoämnen en gång för alla.

Sist men inte minst har vi alla de som inte äter kött. Förvänta er inte att jag ska skälla ut dessa efter samma noter som intoleranssimulanterna. Luften går ur. Jag kan inte låta bli att känna respekt för de som har valt att inte konsumera djur av etiska skäl. Jag vet att kycklingproduktion är hemskt. Jag blir illamående av att se Scans slakttransporter av grisar. Jag försöker göra mitt genom att dryga ut köttet i frysen genom att jaga, fiska och köpa så etiskt kött jag kan. Om jag kan få tag i gårdsslaktade djur blir plånboken plötsligt mycket djup. Men jag vet i regel inget om köttet jag äter till lunch eller historiken till korven i min halv special med väst-kustsallad. Detta är en källa till stark olust men jag försöker faktiskt råda så mycket jag kan över mina inköp.

Vad sägs om ett avtal: jag väljer vegetariskt till lunch om vi snälla bara kan återin-föra jordnötterna på flyget?

JALLE HORN
27 januari 2019

Il primo re: En lysande film om Roms grundande

En ny italiensk film skildrar stadsstaten Roms födelse. Filmen är spännande, gripande och intressant. Framför allt ger den perspektiv på oss själva som européer. Romarriket är nämligen det största riket i europeisk historia och romarna har gett oändligt stora impulser till europeisk historia och kultur.

År 753 f.Kr. är ett av Europas viktigaste år. Då grundades staden Rom enligt stadens egen tradition. Årtalet har ifrågasatts många gånger. Vissa har dragit fram grundandet till 500-talet f.Kr. Men nya arkeologiska fynd visar alltmer att det traditionella årtalet mycket väl kan stämma. Tradition och hävd är ofta riktigare än vad beviskrävande vetenskap tror.

Roms betydelse för de europeiska folkens historia kan knappast överskattas. Där är i alla fall de flesta överens. Vi har språket latin som inte bara har gett upphov till de romanska språken italienska, spanska, portugisiska, franska, rumänska, provensalska och rätoromanska (och säkert några här glömda), utan också varit kyrkans, filosofins och vetenskapens språk i många århundraden.

Den kristna religionens dominans i Europa beror på att kristendomen blev statsreligion på 300-talet. Den romerska rätten har satt djupa spår i all senare europeisk rätt. Politiskt sett har romarna också haft stort inflytande. Det romerska kejsardömet var förebilden för först Karl den stores rike och sedan det tysk-romerska riket som varade i tusen år, och på sätt och vis för Napoleon som avskaffade det tysk-romerska riket. Moderna europeiska demokratier har efter amerikansk förebild – de tog det republikanska Rom som riktmärke vid grundandet 1776 – den romerska republiken som grund, d.v.s. Rom före Augustus som inledde kejsardömet.

Det bysantinska riket var en fortsättning på det gamla romarriket – de kallade sig själva länge för romare fastän deras huvudspråk var grekiska – och det riket varade tusen år, under hela medeltiden. Den grekiska kulturen med all dess ofattbart rika konst, matematik, vetenskap, filosofi m.m. levde vidare i Europa p.g.a. att Romarriket (och dess efterträdare i Västeuropa och främst Bysans) blev så mäktigt.

Romarna själva var inga dåliga konstnärer, framför allt inom litteraturens område, även om de imiterade eller snarare inspirerades av grekerna. Idén om nationalepos härstammar från romaren Vergilius och hans verk Aeneiden (han imiterade grekiska böcker, men känslan av ett nationalepos var nytt). Lucretius bok Om naturen byggde på grekisk filosofi och gav med tiden upphov till atomteorin och mycket av upplysningens filosofi. Ovidius Metamorfoser har gett oss kunskaper om grekisk-romersk mytologi som ingen annan bok, och genom hans fantastiska poesi har boken inspirerat tusentals konstnärer och poeter. Versmakaren Horatius är den kanske mest citerade poeten i Europas historia. Lustigkurren Juvenalis har inspirerat otaliga satiriker – och konservativa människor.

Romarnas praktiska verk som vägar, akvedukter, höghus, avloppssystem m.m. har haft stor betydelse för europeisk ingenjörskonst. Har påverkanslistan ett slut?

Om man har tillit till traditionen beror allt detta på två bröder. Enligt legenden föddes de i en stad i närheten av det som skulle bli Rom, staden Alba Longa. Där tog Amulius makten från sin bror Numitor och tvingade dennes dotter Rhea Silvia att bli vestal, en kysk prästinna. Guden Mars (romarna blev sedermera ett krigiskt folk) gjorde henne dock med barn, tvillingarna Remus och Romulus. Amulius dömer barnen till döden, men han som ska döda dem klarar det inte utan lägger dem i en korg i Tibern. Efter att korgen flutit i land finner en varginna pojkarna och ammar dem, och därefter hittas de av herdar som uppfostrar dem.

Sedermera hjälper bröderna sin morfar Numitor till makten igen, varefter de grundar en egen stad i närheten. De lockar diverse banditer och fredlösa till staden, det enda sättet att få staden att växa. Kvinnor får de genom att anordna spel i idrott (Olympiska spelen var kanske förebilden, de öppnades 776 f.Kr.) med grannfolket sabinare. Under spelen rövade man helt frankt döttrarna från de gästande sabinarna. Krig utbröt förstås, men snart kom folken överens och flyttade samman i den nya staden Rom. Strax före spelen hade bröderna hamnat i ett bråk där Romulus dödade Remus. Den nya staden döptes sålunda till Rom efter Romulus.

Romarna bejakade den här berättelsen – fast Vergilius låter den trojanska ädlingen Aeneas bli romarnas stamfader – om skurkar och kvinnorövare och våldtäktsmän som stadens grundare och första invånare. Det är ganska unikt att ett folk, särskilt som det blev det mäktigaste riket i världen, har bevarat en sådan grundläggningsberättelse och stolt gjort den till sin. Romarna var onekligen speciella.

Om hur staden blev till handlar en nyligen utkommen film, Il primo re (på engelska heter den The First King: Birth of an Empire). Den släpptes i januari 2019 i

Italien och har sedan ett tag funnits på "videohyllan" i andra länder. Den är väl värd att se, inte bara p.g.a. den ödesfyllda berättelsen utan också för dess förmåga att återge det gamla Italien innan Rom fanns och för dess dramaturgi.

Till skillnad från så många av dagens Hollywoodfilmer har den ett ganska långsamt tempo. Likväl hålls spänningen vid liv från allra första början. Det börjar med att Tibern får ett vansinnesutbrott; det kommer en kraftig flodvåg som sveper med sig allt, inklusive de två herdarna Romulus och Remus. Halvt vid liv spolas de upp på en strand och blir tillfångatagna av Albas krigare tillsammans med en mängd andra personer som haft oturen att sköljas med av den galna Tibern eller som kanske bara är vanliga tillfångatagna banditer.

Albakrigarna anordnar en ritual där fångarna tvingas till tvekamp mot varandra och där ena parten måste döda den andra. Snart ställs Remus mot sin tvillingbror Romulus. De två lyckas dock starta ett upplopp bland fångarna och flyr tillsammans med övriga fångar. Som fånge tar de med sig prästinnan som ledde ritualen. Resten av filmen handlar om hur gruppen försöker undkomma Albas krigare och hitta en bra plats för försvar.

Skådespelarna talar en tidig variant av latin, vilket är en prestation. Som jämförelse får man föreställa sig att vi ska spela in en film där vi talar 1200-talssvenska. De har också fångat miljöer och personligheter bra. Vidskeplighet samt den starka tron på gudomlig kraft och gudomliga ingripanden går igenom hela filmen. Romarna var som alla andra folk på den tiden; det gudomliga var närvarande i varje moment i livet, och alla utom ett litet fåtal människor var vidskepliga. Mycket bra gjort är också hur de lyckas omsätta legenden om de två tvillingbröderna som grundar en stad i en trovärdig handling. Man får både känslan av småskalighet med små byar i en avkrok i Italien och att världshistoria skapas.

Det enda som är lite dåligt gjort är att ett par herdar och ett gäng tjuvar plötsligt är bra krigare. Där tappar filmen i trovärdighet. Det kunde filmmakarna ha gjort bättre. I övrigt måste man kalla Il primo re (Den första kungen) en lysande film om när Rom grundades.

MAGNUS SÖDERMAN
28 januari 2019

AB Sveriges medborgare får mig att skämmas

Om tiden varit ur led så hade det varit en sak. Nu är den inte bara ur led utan fullständigt upp-och-ned, bisarr och dåraktig. Aldrig tidigare har den varit mer sann: känslan av att du vaknat upp och det visar sig att patienterna tagit över dårhuset och låst in de friska på rummen. Detta lämnar dock öppet för stora möjligheter vi måste ta vara på.

Så vaknar vi upp till 20-talet och det visar sig börja på samma sätt som 10-talet slutade. Nu har det bara gått en månad så annat väl inte att vänta kanske. Men jag är nog inte ensam om att känna att denna malström vi befinner oss i går aningen snabbare.

Antagligen är det som mest påtagligt för oss som befinner oss i "flödet" hela tiden. Rubrikerna hastar förbi, rapporter avlöser varandra, debattinlägg fladdrar förbi och folk i gemen anser att deras enradiga budskap på sociala medier är värda att dela med oss andra (bara för att man svarar argt betyder det inte att man gjort ett dyft åt det ena eller andra hållet, kan vara värt att ta med sig). Informationsflödet är så massivt att unika tankar och den genialitet som alltjämt finns bland människor drunknar i dumheten som kretinerna skvätter kring sig likt en fradgande hund. Jag sörjer genialiteten som aldrig bryter igenom det alldagliga bruset. Ännu mer sörjer jag dock dårskapen som alltid verkar bryta igenom.

Att skämmas över sina medmänniskor är något man ofta tvingas göra. Tiraden ovan vittnar kanske om det. Det är inte deras vilja eller drivkraft; inte heller deras försök att "göra rätt" utifrån den idé de för tillfället omfamnar som är grunden till skammen jag känner. Att ungdomar engagerar sig i klimatfrågan är positivt till exempel. Bara att de ger sig ut och uttrycker en åsikt (även om den inte är unik eller ens sann) är i vart fall ett tecken på att de inte blivit fullständigt zombifierade av sitt surfande.

Inte ens när jag läser på Euronews att "flygskammen" fått svenskar att flyga mindre skäms jag över det. Tvärt om är det ju bra att man sätter lite kraft bakom orden. Tror man att flygplanen är den stora faran (inte Kinas nedsmutsning) så ska man sluta flyga (inte sluta handla från Kina). Men det är också här dumheten kryper på och lämmelbeteendet visar sig i all sin fulhet.

Man slutar nämligen flyga. Kanske ställer man bilen och tvingar hela familjen att cykla oftare. Bra, bra. Men man slutar inte handla från Wish eller jaga de billigaste alternativen när kapitalprodukter ska inhandlas. Det får mig att inse att denna oro och vilja till att förändra sina levnadsmönster inte är äkta. Man flyger inte mindre för klimatets skull (ah, bara att använda klimatet som ord i sammanhanget visar hur dumheten gripit tag – miljön, ska det vara) utan för att inte sticka ut från mängden. Arbetskamraterna, grannarna eller vännerna ska inte se att du minsann flyger på semester och därmed dödar jorden.

Däremot kommer du undan med alla meningslösa prylar du köper, från Kina, som förgiftar och dödar miljön. Jag känner ingen flygskam, ingen bilskam – däremot skäms jag över medborgarna i AB Sverige som följer John och tror sig vara präktiga då de ger munnens bekännelse till idiotin som överheten matar dem med.

Annat är dock ännu värre och gör att jag vill riva ut mina egna ögon och slå in tops i öronen så att jag för resten av mitt liv inte ens kan riskera höra absurditeter på radion eller i ett samtal man råkar höra då man vill ha sig en kopp kaffe ute på stan.

Maggie Svendsen är 64 år och bor på Södermalm. Hon arbetar som konstnär. Ibland skriver hon också medborgarförslag. Stockholm Direkt uppmärksammade hennes medborgarförslag vilket gjorde att undertecknad såg rubriken "Hon vill ha lekplatser för vuxna på Södermalm" blixtra förbi. Jag är uppenbart masochist varför jag läste vidare:

"I ett nytt medborgarförslag till stadsdelsnämnden slår hon ett slag för att införa särskilda lekplatser som riktar sig till vuxna. Innehåll? Gungor, rutschkanor, studsmattor och sandlådor. Fast i större storlek då."

Coronavirus kom!

Kommunen ska "titta vidare på frågan" men poängterar att vuxna är välkomna att leka på de lekplatser som finns så länge.

Förstå mig nu rätt. Jag har inga problem med att vuxna är lekfulla och avslappnade. Titta bara på bilderna från Flandern under första världskriget, då man slöt en tillfällig vapenvila för att kunna spela fotboll mot varandra och ha roligt en stund. Det är klart vuxna kan behöva dylikt. Ja, det kan till och med hända att man gungar ett tag (och blir illamående så klart) bara för att se om barndomen finns kvar (det gör den inte). Att däremot kräva lekplatser i vuxenstorlek är något helt annat. Det är ett tecken på infantilitet och en ovilja att axla ansvaret som kommer med att vara vuxen. Maggie Svendsen personifierar detta.

Det är just på grund av sådana som henne – oavsett vilken generation personen tillhör – som vi hamnat där vi är. Oviljan att ta ansvar, att vara vuxen med allt vad det innebär och den fullständiga oförmågan att leva i den verkliga världen var grogrunden för olyckorna som svensken dragit över sig själv.

Bistra män och kvinnor som antar livets utmaningar och arbetar strävsamt skapar stabilitet, framgång och trygghet. Lättjefulla pellejönsar motsatsen. Det finns en tid för lek och en tid för allvar, till och med predikaren konstaterar det. Tiden för lek är barndomen, sedan blir man vuxen och allvaret tar vid. Leken kan man klämma in tillsammans med sina egna barn, men allvaret trumfar alltid. Allvaret med att skapa de bästa förutsättningarna för sin familj till exempel, allvaret med nationens styrelse, allvaret med att säkerställa det egna folkets suveränitet, allvaret med att hålla försvarsförmågan i topp, allvaret med att inte låta samhället falla i kaos. Listan är lång.

Den moderna människan vill ha oaser där hon kan leka, tramsa och glömma det samhälle hon skapat genom att inte ta något på allvar (eller lämna över allvaret till vem helst som var beredd att kliva fram oavsett vederbörandes kompetens). Och är det inte lekplatser för vuxna så är det cannabis. Minns ilskan när TV4 försvann från Comhems utbud. Medborgarna i AB Sverige får mig att skämmas. Vi delar trots allt ursprung. Vi har samma historia. Mycket annat verkar vi dock inte ha gemensamt.

Som alltid finns det dock en strimma ljus att blicka mot när det är mörkt. Vi fria svenskar är inblandade i en strid om framtiden. Vi vill åt ett håll där vuxna människor tar ansvar och gör det rätta för familj, folk och nation. Våra motståndare vill det rakt motsatta. Medan vårt manskap består av personer som vill ta ansvar och är beredda att kavla upp ärmarna så har de Maggie Svendsen.

De vill ha det bra, leka och mysa in sin bubbla – en bubbla som de inte vet hur de ska försvara eftersom detta överlåtits åt andra. De vill passa in och verka "goda" genom att inte flyga och rapa ut nonsens som att "kvinnor med penis visst kan ha mensvärk" eller att det är självklart att "alla ska få allt".

Vi vet redan att medan vänsterliberaler väljer bort familj och barn, så skapar traditionella familjer varaktig stabilitet och liv. Medan de drabbas av psykisk ohälsa en masse kan den som väljer nationalismens väg (med allt vad det innebär) slippa de negativa effekterna av att leva ett liv i strid med verkligheten. Om man vägrar ta hand om sig själv på grund av att god hälsa och muskler är "fascistiskt", så kommer "fascisterna" att blomstra. Alltså: vänsterflummarna drabbas av konsekvenserna av sin livsföring medan "fascisterna" skördar frukterna av sin.

Vi ska naturligtvis påpeka och förklara hur fel våra motståndare har. Fäderna uppmanade oss att säga om något är ont – att aldrig ge vår fiende frid. Det är den vuxnes plikt och plikten är allt. Därtill ska vi, trots att vi är människor med allt vad det innebär, göra allt vad som står i vår makt för att leva som vi lär. Gör vi det så kommer vi snart att titta på våra motståndare såsom människan tittar på apan. Övermänniskan är inte någon abstrakt framtidsvarelse utvecklad i ett laboratorium, hon kommer att vara nationalisten som lever som hon lär. Henne kommer vi inte att behöva skämmas för.

Låt det så ske.

JALLE HORN
31 januari 2019

Till hemmets försvar

När båda föräldrarna heltidsarbetar och barnen tvingas på dagis och skola har staten fått en skrämmande makt över vår tillvaro. Då blir vi omyndiga och har allt mindre av ett hem. Men det finns inget barn älskar så mycket som ett varmt och trivsamt hem.

En väninna berättade en gång för mig att hennes vänner alltid ville följa med henne hem efter skolan. Hon gick då i lågstadiet eller kanske mellanstadiet. Anledningen var enkel. Där fanns riktig mat. Inte att hennes mamma var någon stjärnkock eller så. Utan av det enkla skälet att mamman var hemma. Mamman arbetade inte utan var kort och gott hemma om dagarna, i alla fall under den perioden som barnen var just barn.

Vi befinner oss i början och mitten av 1980-talet. Kanske användes inte ordet hemmafru mer, vare sig det sågs nedvärderande, positivt eller bara neutralt. Troligtvis sågs beteckningen alltmer som något gammalmodigt och dåligt. För under 70-talet slog feminismen igenom tillsammans med övriga progressiva attityder i kölvattnet av symbolåret 1968. Under 80-talet började även traditionella yrkestitlar som städare/städerska, sekreterare m.m. ge vika för eufemismer som lokalvårdare och assistent.

Barnen följde alltså gärna med min vän hem, berättade hon. I deras egna hem fick de laga egna mackor, men hos Therese bjöds det på varm mat till sen lunch, och kanske varm choklad och annat som barnen älskar. Maten är bara en del av det som lockade barnen. Det var inte det att Therese var någon poppistjej, men i hennes hem fanns något som saknades hos de andra barnen på eftermiddagen: värme från hemmets härd, närvaron av en vuxen som bryr sig om barnen, huslig aktivitet – en aura av hemtrevnad.

Det var väl inte ett Bullerbyhem – men det var ett hem.

Hur det var hos de andra kan vara osagt. De andra barnen hade det kanske relativt bra i deras hem när det gäller vuxen närvaro. I början av 80-talet var det ännu inte någon självklarhet att båda föräldrar skulle arbeta heltid. Eller så det var en annan attityd som rådde. Kanske arbetade båda, men det var hemmet och familjen som var det centrala i livet. Särskilt för kvinnorna.

Hoppar vi fram till vår tid är arbetslivet för både man och kvinna, hos båda föräldrar i en familj, mer uppvärderat än tidigare. Det är inte bara det att det har blivit mer eller mindre självklart att båda vuxna i familjen måste arbeta heltid för att få ekonomin att gå ihop. Det är också så att arbetslivet har blivit något båda vuxna identifierar sig med. Inte själva yrkesrollen nödvändigtvis utan just det att gå till jobbet och göra sitt dagsverke där. Hemmet är en viktig punkt i livet, men arbetet har tagit mer i besittning av familjemedlemmarnas identitet och mentala fokus.

I jämförelse med tidigare gäller det särskilt kvinnorna. Samtidigt ser vi att männen förblir säkra på sina yrken medan kvinnor blir mer utbrända. Till på köpet – och desto allvarligare – får barnen mindre huslig hemkänsla. Föräldrarna är allt mindre hemma och barnen går alltmer på dagis. Där känner sig många barn främmande, d.v.s. ”ohemma”, och daghemmen idag kräver mer och mer effektivisering, d.v.s. fler barn på färre vuxna.

Många anställningar nu för tiden kräver flextider. Kanske äter inte ens hela familjen det där målet varm mat tillsammans på kvällen, kanske träffar vissa barn sina föräldrar blott en timme på morgonen och en timme på kvällen. Visst har dagens familjer fredagsmys tillsammans och pyntar granen tillsammans, men vi talar här om den dagliga omvårdnaden av hemmet och dess personer.

Uppenbarligen är någonting skevt i vår moderna värld. Nu ska vi inte måla fan på (hela) väggen. Arbetet har flera viktiga funktion även för en kvinna i sina bästa år, t.ex. att man uträttar något utöver den privata sfären eller för gemenskapens roll (i brist på byalag o.d.), och många barn har gått på t.ex. internatskola utan att få men för livet. Men problemet i vår tid är att heltidsarbetande föräldrar – både mor och far – med barn i dagis- och skolålder har blivit det helt normala, det självklara valet i livet, utöver föräldraledigheten förstås. De offrar således inte vistelse med barn och hem, utan bortavaron ses som något självklart.

Här har svenska staten vunnit över den enskilda människan. Landets produktions-apparat blir mer omfattande när fler människor fogas in i den, vilket ger mer skatte-intäkter, statens huvudmål. Dessutom ger individen ifrån sig en stor del av barnens fostran till staten. Och precis som att arbetets väg är det självklara valet för både fäder och mödrar idag, så tror de flesta att daghem och skola är mycket bättre på att fostra än föräldrarna själva.

Det säger mycket om vilken makt den moderna svenska staten har lyckats få över sina medborgare/undersåtar. I takt med att båda föräldrarna väljer arbetets väg ger de nämligen ifrån sig makten över det mest essentiella för en människa, sin avkomma. Därmed ger föräldrarna även ifrån sig en betydande del av sin roll som myndig. Och när vi inte längre är myndiga – ja då är vi på sätt och vis inte vuxna längre utan faktiskt barn.

Makten över sin avkomma i form av fostran och omvårdnad hör för individens del hemmet till. Men i och med att man ger ifrån sig barnen huvuddelen av deras vakna tid till statens uppfostringsanstalter samt lägger sitt mentala fokus på arbetet, på att vara en del av produktionsapparaten, då ger man i mångt och mycket upp sitt hem.

Staten har en viktig vapendragare i den här maktkampen mellan stat och föräldrar, nämligen feminismen. Det är en helt naturlig process i det teknokratiska samhället att feminismen har växt ihop med den svenska, socialistisk-liberala staten. Feminismen, åtminstone den idag ledande varianten, menar att vår biologiska konstitution är en bisak. Idén är att "befria" kvinnan från hemmet, som p.g.a. barnen är hennes naturliga plats allteftersom barnen föds och behöver grundläggande omvårdnad. Således kan kvinnan bli en del av produktionsapparaten istället för hemmets centrum, och det ges t.o.m. en stark moralisk förankring i och med att hon ska ta plats i arbetsvärlden på lika, d.v.s. rättvisa, villkor som män.

I och med att vi är sociala konstruktioner istället för biologiska varelser förlorar föräldrar också den biologiska förankringen med sina barn, och det blir en ganska "naturlig" sak att ge ifrån sig sina barn till daghem och skola för fostran. Feminismen är sålunda en uppenbar del av den teknokratiska världsbilden.

Målet är att vi individer och familjer inte ska ha ett hem utan vara statens slavar. Vi ska inte vara myndiga och därmed självständiga utan en del av samhällsapparaten, en kugge i hjulet.

Ser man en dag igenom den bluff som staten, feminismen och allehanda progressiva rörelser kallar "rättvisa", "jämlikhet", "befrielse", då finns den traditionalistiska vägen som ett sunt alternativ. Där får modern vara just mor och huvudsaklig omhändertagerska i hemmet tills barnen vuxit upp. Där värderas inte arbetet i samhällsapparatens regi som det högsta värdet. Där är man och kvinna vuxna och myndiga.

Där har familjen ett hem.

MAGNUS SÖDERMAN
31 januari 2019

Brexit – idag är dagen det sker

Efter många om och men så är det dags. Kanske kommer vi kunna blicka tillbaka och säga: "det var då EU började falla", eller så lunkar det på som vanligt. Ett verkar dock helt säkert nu. Storbritannien tackar för sig och lämnar EU.

Storbritannien var med i EU när det hette EG. 1973 anslöt man sig och då bemödade man inte ens att hålla en folkomröstning. Den fick vänta till 1975 då man frågade britterna om de ville vara kvar. Det ville de. Eller 67 procent ville det, fullt tillräckligt alltså. Sedan dess har stödet för att fortsätta tillhöra unionen minskat. Inte i takt med att monstret växt, men i alla fall tillräckligt för att man den 23 juni 2016 höll en folkomröstning om utträde.

Alla experter var ense om att stanna kvar-sidan skulle vinna, så när det visade sig att lämna-sidan kammade hem det hela med 51,9 procent av rösterna blev det smått kaosartat. Somliga krävde att omröstningen skulle underkännas. Andra menade att man måste få till stånd en ny omröstning (och sedan antagligen ännu en omröstning om resultatet fortfarande blev "fel") medan ytterligare andra vitt och brett konstaterade att dylika folkomröstningar var ett hot mot demokratin.

För den som följde med debatten var det tydligt att liberala demokrater är riktigt dåliga förlorare. Och inte blev det bättre för dem heller. Den åttonde november samma år gick USA till presidentval och mot alla experters spådomar så vann Donald Trump med sin nationalistiska agenda. Direkt kom samma klagosånger och ifrågasättande av fria val. De liberala demokraterna i världen var ense om att folk inte vet sitt eget bästa och att demokrati egentligen handlar om att skydda minoriteter (som Göran Rosenberg skrev).

I USA tjöt demokraterna om riksrätt samma natt som det stod klart att Trump vunnit. I Storbritannien ropade vänsterliberalerna direkt om nyval. EU skakades i grunden och när man samlat sig var det tydligt att det inte skulle bli någon enkel sak för "förrädarna" att dra sig ur. Det skulle kosta på och dras i långbänk.

Tanken var att Brexit skulle ägt rum den 29 mars 2019, men på grund av förseningar i avtalsförhandlingar med EU samt obstruerande politiker i London dröjde det lite längre. Men till sist, klockan 00.00 (Centraleuropeisk tid) – natten mellan sista januari och första februari – händer det. Storbritannien gör sig fri från monstret.

Eller?

Jodå, så blir det. Det ska mycket till för att utträdet ska hindras i sista minuten så i morgon vaknar ett folk upp till att vara lite mer fria och självbestämmande än de var dagen innan. Det är en historisk dag idag. Betoningen kan gott vara på "lite mer fria" dock, för oket från den internationella bankmaffian med flera överstatliga entiteter finns kvar. Men vi måste tillåta oss att se glaset som halvfullt.

Få av oss nationalister trodde nog att det skulle bli av alls. Det var lätt att tro att den dolda handen på ett eller annat sätt skulle lyckas dra ut på tiden, begrava utträdet i ändlösa förhandlingar så att det hela – någon generation senare – helt glömts bort. Att så inte kunnat ske ska vi se som ett mycket gott tecken. Många känner att våra motståndare är närmast allsmäktiga (det är så de vill att vi ska se dem) och att det inte går att bryta sig fri från världsordningens grepp. De ljuger – det är propaganda som syftar till att få oss att tappa orken att kämpa emot.

Om vi ska ta med oss något från 00-talets sista år så är det att vänsterliberalernas världsordning faktiskt visade sig vara allt annat än oövervinnerlig. Det är en motståndare värd namnet, absolut, och definitivt ingen enkel sak att vinna ens den minsta segern mot. Men det går. Brexit visade det; Donald Trump visade det; Viktor Orbán visade det; Matteo Salvini visade det; Bashar al-Assad visade det. Låt oss fortsätta visa det.

Dock – positiva tankar till trots – någon segerskål blir det inte förrän klockan slår över midnatt och Brexit är ett faktum. Man vet nämligen aldrig om det finns ett sista kort kvar att spela ut, gömt i rockärmen hos de fria folkens fiender. Det skulle inte förvåna.

Om Svegot

Svegot är en tankesmedja som ägs och drivs den ideella föreningen
SVEGOT-DFS. Syftet med Svegot är att bredda det svenska medielandskapet och
samtidigt lyfta frågor som är viktiga för föreningen, och arbeta för att driva opini-
onen i en riktning som mer påminner om föreningens idéer.

- Vår ledarsidas politiska hållning är frihetligt nationalistisk.
- Förutom att publicera nyheter, artiklar, kommentarer, analyser och krönikor i
  textformat publicerar vi även podcasts, sänder direktsänd nätradio och publi-
  cerar filmklipp.
- Allt överskott från Svegots arbete går direkt in i den ideella föreningen för att
  stärka upp dess arbete och hjälpa föreningen att snabbare nå sina mål.
- Åsikter som publiceras på Svegot behöver inte nödvändigtvis stämma överens
  med föreningens officiella ställningstaganden, eller alla våra medlemmars
  åsikter. För officiella uttalanden från föreningen, besök föreningens hemsida.

Stöd vårt arbete – bli prenumerant

Mycket av materialet på svegot.se kan du ta del av kostnadsfritt. Men för att
driva verksamheten krävs ekonomi och denna får vi genom prenumerationer. Om
du köpt denna bok separat så kan du teckna en prenumeration som dels ger dig
tillgång till allt plusmaterial på Svegot, samt att du får framtida utgåvor av vår
månadsbok direkt hem i brevlådan. Gå in på svegot.se och teckna din prenumera-
tion redan idag.

svegot.se

Om Det fria Sverige

- Det fria Sverige är en intresseförening för svenskarna, den svenska kulturen och den svenska särarten. Föreningen vilar på traditionell grund och är frihetligt nationell. Föreningen styrs genom sina aktiva medlemmar på demokratiskt vis.
- Det fria Sverige är en ideell och samhällsnyttig förening som står upp för lag och ordning, mot pöbelvälde och ofrihet. Föreningen står upp för individens frihet, under ansvar för den gemenskap som friheten är beroende av.
- Det fria Sverige är en partipolitiskt obunden förening. Förvisso är vi traditionella nationalister, men detta transcenderar realpolitiska ställningstaganden och den klassiska höger-vänster-skalan. Den som delar vår vision och står bakom våra stadgar är välkommen.
- Det fria Sverige icke-konfessionell. Var och en i föreningen har rätt till sin egen tro, eller avsaknad av tro. Det vi kräver av varje medlem är dock att de respekterar varandra och de olika trosföreställningar som våra förfäder tagit till sig genom historien.
- Det fria Sverige bygger på principen om organisering underifrån och det är medlemmarnas egna ansvar att förverkliga visionen vi delar med varandra, inom det ramverk som föreningen beslutat om.
- Det fria Sverige driver opinion för svenskarna; bevakar den politiska och samhälleliga utvecklingen ur ett traditionellt nationellt perspektiv och arbetar såväl metapolitiskt, socialt som realpolitiskt. Detta arbete sker kontinuerligt.
- Det fria Sverige har framtiden för ögonen och arbetar idag för att lägga grunden som framtida generationer kan bygga vidare på. Vi har ett generationsperspektiv på vår verksamhet.

detfriasverige.se